Herbert Renz-Polster
Menschenkinder

HERBERT RENZ-POLSTER

MENSCHEN-KINDER

Plädoyer für eine artgerechte Erziehung

Kösel

Die Webseite zum Buch:
www.menschenkinder-das-buch.de

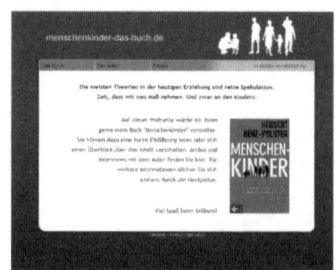

Auf dieser Webseite finden Sie eine
Vielzahl weiterer Informationen, z. B.

> Artikel aus der Presse
> Interviews mit dem Autor
> Die genauen Quellenangaben der
  im Buch genannten wissenschaftlichen Arbeiten

APROPOS QUELLENANGABEN: Der Autor stützt sich in seinen Aussagen auf eine
Vielzahl wissenschaftlicher Erkenntnisse zur kindlichen Entwicklung.
Die entsprechenden Literaturangaben finden Sie im Anhang ab Seite 184.
Diese Quellen können auf der Webseite zum Buch weiterverfolgt werden.

MIX
Papier aus verantwor-
tungsvollen Quellen
FSC® C014496

Verlagsgruppe Random House FSC-DEU-0100
Das für dieses Buch verwendete FSC®-zertifizierte Papier
Munken Premium Cream liefert Arctic Paper Munkedals AB, Schweden.

Seit Urzeiten haben sich Menschen mit ihren Kindern
neu auf den Weg gemacht.
Ihnen ist dieses Buch gewidmet.

INHALT

VORWORT:
WAS BRAUCHEN KINDER?

Eines der besten Erkennungszeichen für zukünftige »Absonderlichkeit« besteht beim Stillkind darin, dass es sich weigert, seinen Darm zu entleeren, wenn man es aufs Töpfchen setzt.[1] Das sagte der wohl bekannteste und einflussreichste Psychologe der Moderne, Sigmund Freud. Er vertrat allen Ernstes die Meinung, Säuglinge würden zu Neurotikern, wenn sie nicht auf Befehl ins Töpfchen machten. Wohl gemerkt: Säuglinge!

Wie kam Herr Freud eigentlich dazu, so etwas über kleine Kinder zu behaupten? Und vor allem: *Kann das denn stimmen?*

Und die heutigen Theorien? »[Babys] mangelt es an Kultur, Einsichtsfähigkeit und Disziplin. Zu ihrer Kultivierung bedarf es einer klaren Autorität und der Bereitschaft, Unterordnung zu fordern. Als einziges Mittel, sich der Macht und der Autorität der Eltern zu erwehren, setzen Babys das Schreien ein. Wenn das Baby durch Schreien zur Unzeit Ansprüche anmeldet, sollten seine Eltern ihre rechtmäßige Macht nutzen und gelassen reagieren. (...) Die Rechnung zahlen sie sonst später.« Soweit Bernhard Bueb, der Autor des Bestsellers *Lob der Disziplin*.

Abgesehen davon, *wer* wohl bestimmt, was Zeit und was Unzeit ist: Worauf gründet der Lehrer Bueb eigentlich das, was er da über Babys behauptet? Und auch hier wieder: *Stimmt das denn?*

Stimmt es denn, dass Kinder noch bis zum »achten oder neunten Lebensjahr« gar keine Persönlichkeit haben, wie der nächste Shooting-Star am deutschen Erziehungshimmel, Michael Winterhoff, behauptet? Dass Kinder ihre Intelligenz entfalten, weil im Kindergarten Englisch gesprochen wird oder weil dort Chemie-Experimente gemacht werden? Dass Kleinkinder, die im Sandkasten darauf konditioniert werden, ihr Schäufelchen zu teilen, später besonders faire Bürger sind? *Stimmt das denn?*

Und jetzt ist auch noch die chinesische Welle auf dem Erziehungsmarkt aufgeschlagen. Mit den Pisa-Erfolgen aus Shanghai im Rücken stürmt Amy Chuas Buch *Die Mutter des Erfolgs* um die Welt. »Kinder wollen von sich selbst aus niemals arbeiten. Deshalb ist es entscheidend, sich über ihre Vorlieben hinwegzusetzen.« Und zwar total. – Das Wort »atomare Kriegsführung«, mit dem Frau Chua ihre Art der Erziehung beschreibt, klingt zwar nicht nett, für einen Sprung auf die Bestsellerlisten reicht es aber allemal. Wo so viele Einsen geschrieben werden, muss man ja wohl etwas richtig machen, oder? Das sieht auch Thilo Sarrazin so, er empfiehlt, sich die »positiven Wirkungen« der chinesischen Erziehungsmethode anzusehen – in der Erziehungsdebatte kann man auch als Finanzexperte eine gute Figur machen.

Das ist das Umfeld, in dem heutige Eltern ihre Kinder großziehen: Jeder behauptet etwas über Kinder, was ihm in den Kram passt. Jede Theorie findet eine gläubige Anhängerschaft – und jede Theorie (und sei sie noch so verquer) kommt garantiert einmal wieder.

Luftschlösser, schlüsselfertig

Das Wirrwarr geht schon gleich nach der Geburt los: Wie viel Nähe braucht so ein kleiner Mensch? Nur nicht zu viel, sagen die einen – der kleine Mensch könnte verwöhnt werden! Niemals genug, sagen die anderen, eine sichere Bindung schafft Vertrauen für das ganze Leben! Wenn es ums Schlafen geht, dieselbe Pein. Gehört das Kleine an die Seite der Mutter? Oder ein ganzes Stück weg von ihr ins eigene Bett – damit es schneller selbstständig wird? Kann man es in eine Krippe geben – oder widerspricht das seinen natürlichen Bedürfnissen? Und wenn es dann in den Kindergarten kommt, soll da eher das Spielen im Mittelpunkt stehen – oder der Zahlenraum erweitert werden? In der Schule: mehr Drill oder mehr Selbstfindung?

Wohin die Mehrheitsmeinung geht, ändert sich wie die Saumlänge in der Mode. *Natürlich* brauchen Kinder Pünktlichkeit, frühe Sauberkeitserziehung und Füttern nach der Uhr – so die Überzeugung unserer Großeltern. Für die meisten unserer Eltern war es genauso natürlich, dass sie dies eben *nicht* brauchen. Dass Kinder früh schon »Förderung« bekommen sollen, war mit dem Ende der 1990er-Jahre plötzlich ganz fest in den Köpfen verankert – so fest, dass aus den Kinderzimmern der Republik auf einmal Mozart erklang, weil diese Musik dem wachsenden Gehirn angeblich ein paar zusätzliche IQ-Punkte abquetschen kann. Und auch das mit den »Grenzen« war auf einmal wieder ausgemachte Sache: Kindern fehlt es an Grenzen. *Sicher?*

Sicher ist nur eines: Erziehung ist eine wunderbare Spielwiese für Spekulanten. Ihre Annahmen leuchten auf den ersten Blick ein, und sie lassen sich gewiss von so mancher Theorie bestätigen.

Wenn da nur nicht ein Problem wäre: Die Annahmen widersprechen sich. Und damit stehen Eltern vor einer ernüchternden Tatsache: Ein guter Teil dessen, was über Kinder behauptet wird, ist
falsch. Gut gemeint in aller Regel, aber trotzdem: Geschwätz.

In diesem Buch werde ich zeigen:

> dass das Geschwätz erst aufhört, wenn wir die jahrtausendealte
  Geschichte unserer Kinder − und damit die Wurzeln ihrer Entwicklung − kennen,
> dass es zu billig ist, den Eltern den Schwarzen Peter zuzuschie-
  ben, wenn die Erziehung nicht klappt,
> dass wir eine − angeblich vor allem für Legehennen wichtige −
  Frage auch für *Menschenkinder* stellen müssen: die Frage nach
  der artgerechten Umwelt.

Dass wir in der Erziehungsdiskussion nicht wirklich weiterkommen, liegt nicht an den Kindern. Es liegt auch nicht daran, dass
den Eltern ein Erziehungsführerschein fehlt. Es liegt an uns allen.
Wir haben zu lange über Kinder nur spekuliert, vorschnell geur-
teilt, geschwätzt. Und wir haben uns zu lange vor einem Rund-
gang durch das »Dorf« gedrückt, in dem unsere Kinder heute
aufwachsen. Was liegt da im Argen? Stehen Kinder, Jugendliche,
Mütter, Familien wirklich dort, wo sie hingehören − in unserer
Mitte? Warum bedeuten dann Kinder, die ja angeblich ein Reich-
tum sind, immer öfter ein Armutsrisiko? Warum brauchen wir
immer mehr »Schreiambulanzen«, »Schlaf-Sprechstunden«, Lo-
gopäden, Bewegungstherapeuten und andere Entwicklungshelfer
für unsere Kinder? Wie kann es sein, dass Schulen zwar eine ganze
Menge gebildeter Kinder, aber auch mindestens genauso viele
»Versager« produzieren? Sind wir Erwachsenen vielleicht dabei,
eine Welt zu errichten, die Kinder immer mehr als Hindernisse
sieht − und ihnen auch immer mehr Hindernisse in den Weg
stellt?

Neu Maß nehmen

Mit diesem Buch fordere ich einen Maßstab ein, an dem sich alle Behauptungen über Kinder zu messen haben. Ich fordere, dass wir in der Diskussion über Erziehung an den Kindern Maß nehmen, wie sie sich über Tausende, ja Hunderttausende von Jahren entwickelt haben.

Warum? Weil unsere Kinder eine Geschichte in sich tragen – und sie bestimmt ihr Leben auch heute noch. Wenn wir den Kindern gerecht werden wollen, müssen wir diese Geschichte kennen.

Ich spreche von ihrer evolutionären Geschichte. Alle Lebewesen dieser Erde tragen die Prägungen der Vergangenheit in sich – sie helfen ihnen beim Überleben und Gedeihen. Das gilt auch für unsere Kinder. Wie sie sich verhalten und wie sie sich entwickeln ist keine Willkür. Dahinter steht vielmehr ein Muster – ein von Generation zu Generation vererbtes Muster. Dieses Muster hat sich als Antwort auf die Herausforderungen gebildet, vor denen die Kinder in der Geschichte immer wieder standen.

Dieses Muster ist der Grund, weshalb Kinder sich rund um die Erde in denselben Schritten entwickeln, auch wenn ihre Umwelt unterschiedlicher nicht sein könnte. Und es ist der Grund, weshalb die heutigen Kinder sich in vielen Aspekten so wenig von denen unterscheiden, die in Zeiten geboren wurden, als so ziemlich alles anders war als heute.

Dieser Blick kann die Erziehung verändern. Denn wer an den Realitäten Maß nimmt, unter denen sich die Kinder über Tausende von Jahren entwickelt haben, stößt zunächst einmal auf Stärken, nicht auf Mängel, Defekte oder Schwachstellen, von denen die Erziehungsdiskussion so besessen scheint. Auf ihrem Weg durch die Geschichte mussten die Kinder ja all das perfektionieren, was einem kleinen, unreifen Menschen hilft, ein großer, erfolgreicher Erwachsener zu werden. Sie mussten lernen, wie man das Großwerden am besten anpackt. Ja, die kindliche Entwicklung ist für die Eltern nicht immer eitel Sonnenschein (man denke nur an die berüchtigten Zornanfälle), aber sie ist dennoch Grund zu Optimismus: Sie beruht auf einer Auswahl dessen, was funktioniert hat (Zornanfälle inklusive – wir kommen darauf zurück).

Zumindest eines aber sollte klar geworden sein: Ein Kind, das auf eine solche jahrtausendelange Entwicklung baut, ist ein »vorbereitetes« Wesen, es ist geeicht und gerüstet. Über ein solches »vorbereitetes« Geschöpf kann man nicht einfach behaupten, was einem in den Kram passt.

Noch eine Theorie?

Kommt jetzt noch eine Theorie, noch eine Erziehungsmethode, noch ein Erfolgsrezept? Noch ein Experte, der Ihnen sagt, wie Sie in sieben Schritten zu einem durchschlafenden, brav essenden und brav lächelnden Kind kommen – und wenn Sie es nicht hinkriegen, haben Sie sich eben nicht richtig angestrengt? Nein. Ich stelle in diesem Buch keine neuen Vermutungen auf, etwa wie die Psyche der Kinder funktioniert.

Was ich hier einbringe ist eine neue Perspektive. Und sie ist nichts weniger als ein Weckruf. Wer Kinder wirklich fördern will, muss die Wurzeln ihrer Entwicklung kennen. Wir haben unsere Kinder viel zu lange nach den immer neuen, schicken Theorien tanzen lassen, die aktuelle Mode an ihnen durchprobiert – ja, sie zu Versuchskaninchen gemacht. *Dagegen* will ich den Pflock der Evolution einrammen. Die Welt mag chinesische Wachstumsraten ehrfürchtig bewundern – aber wie Kinder sich entwickeln und stark werden, hat sich dadurch kein bisschen geändert. Wer, bitteschön, garantiert uns denn, dass die Kinder-Optimierer, die jetzt unterwegs sind und nach mehr Druck und Drill rufen, nicht die Bedürfnisse der Wirtschaft mit den Bedürfnissen unserer Kinder verwechseln? Wer garantiert uns denn, dass diejenigen, die jetzt ruckzuck die Kindheit sanieren wollen, nicht ihre eigenen Probleme auf die Kinder übertragen? Wer garantiert uns, dass ihre Spekulationen nicht genauso platzen wie die Blasen zuvor – wer erinnert sich noch an die antiautoritäre Erziehung? Noch einmal: *Dagegen* will ich eine Prüfung fordern. Die Frage nach dem Wohin – das ist meine feste Überzeugung – kann nur beantworten, wer die Antwort auf die Frage nach dem Woher kennt. Deshalb wird uns in fünf oder zehn Jahren auch die chinesische »Mutter des Erfolgs« wieder nur ein Kopfschütteln wert sein.

Der Maßstab, den ich hier einfordere, ist nicht auf meinem Mist gewachsen. Er hat ein eigenes Gewicht – das Gewicht der vielen tausend Jahre, in denen unsere Kinder zu dem wurden, was sie heute sind. Wir brauchen dieses Gewicht, damit die Luftschlösser wieder auf dem Boden landen. Wir brauchen dieses Gewicht, damit wir wieder über Kinder reden, *wie sie sind* – und nicht von Kindern, wie wir sie uns tagesaktuell zusammenreimen.

1
DIE ANGST-MASCHE:
WOMIT ELTERN ZU KÄMPFEN HABEN

Wie sehr wir schwimmen, zeigt sich doch an der Angst, die immer mit von der Partie ist, wenn es um den »richtigen« Umgang mit Kindern geht. Tatsächlich haben die meisten Theorien, die da über Kinder lanciert werden, einen gemeinsamen Nenner: Sie sind verzagt, sie sind pessimistisch und sie verbreiten eine Heidenangst.

Angstbesetzt? Pessimistisch? Verzagt? Gerade die Elternmagazine scheinen doch grenzenlosen Optimismus zu verbreiten: »In jedem Baby steckt ein Super-Kind!« Und dazu strahlende Babys, strahlende Eltern – jeder Geigerzähler würde an seine Grenzen kommen.

Je tiefer es aber ins Kleingedruckte geht, desto schwieriger wird die Materie. In Wirklichkeit nämlich sind die fröhlichen Kinder – Mimosen!

»Brauchen Babys Regelmäßigkeit?« »Na klar! Erfahrene Mütter zeigen, wie man den Tag strukturiert!«

»Die ersten Worte – jetzt mit den richtigen Spielen fördern!«

»So wird Ihr Kind ein Optimist – wir verraten die Glücksregeln.«

So schön und heimelig kann das klingen, wenn deutsche Journale ihr rettendes Wissen preisgeben.

Und dann ist da diese Zeitungsbeilage zur Beikost – zwölf Seiten dick, nach einem Farb-Leitsystem aufgebaut. Gläschen für den fünften Monat, Gläschen für den sechsten Monat (mit Putenfleisch), Gläschen für den siebten Monat (mit Rindfleisch). Für jeden Monat zehn verschiedene Mischungen! Der Übergang von der Muttermilch zu fester Kost scheint ein Studium der Ernährungswissenschaft vorauszusetzen. Ja, sie sind putzig, die Kinder, aber offenbar ziemlich kompliziert.

Und deshalb breitet sich hierzulande ein neuer Sport aus – nämlich danach zu suchen, was die Natur bei der Grundausstattung der Kleinen wohl vergessen haben könnte. Eine Zeichensprache für Babys etwa? Ein paar Schwimmhäute zwischen den Fingern? Die Gene für mehr Begeisterung beim Gemüse? Einen Sinn für Mozart?

Der Trick scheint zu funktionieren. Mit jeder neuen Entdeckung, was Kinder angeblich brauchen, wird eine neue Angst fixiert: Was, wenn ich das alles – Gott bewahre – meinem Kind nicht gebe oder nicht geben kann? Mit jedem neuen Eintrag in das Lexikon der Erziehung wird die Latte noch ein bisschen höher gelegt. Was Eltern alles vermasseln können!

Angst und bang

Aber das ist noch nichts gegen unsere elementaren Erziehungs-
ängste. Manche haben wir von unseren Eltern geerbt, und die haben sie von ihren Eltern (und die haben sie auch wieder von ihren Eltern). Andere sind uns neu zugeflogen. Sie bilden das Viereck
der Angst, das allen heutigen Eltern bekannt ist:

DIE ANGST VOR DEM VERWÖHNEN. Geben wir den Kleinen das, was sie
von uns verlangen, so könnten sie später am Leben scheitern. Insbesondere Nähe steht unter Generalverdacht: Schlafen im Bett der
Eltern, Hochnehmen, wenn sie schreien, langes Stillen – alles
könnte sie »verwöhnen«.

DIE ANGST VOR DEN TYRANNEN. Kinder wollen sich doch gegen die
Eltern durchsetzen? Setzen wir ihnen nicht frühzeitig Grenzen, so
übernehmen sie bestimmt die Macht im Haus – sie werden zu
den gefürchteten »Tyrannen«.

DIE ANGST, NICHT PERFEKT ZU SEIN. Entwicklung ist ein Balanceakt.
Wo wir alles perfekt machen, läuft sie gut – was aber, wenn wir
einmal das Falsche tun? Dann macht eine Synapse zick anstatt
zack und die Kleinen sind für ihr Leben geschädigt!

DIE ANGST, UNSERE KINDER ZU WENIG ZU FÖRDERN. Um sich möglichst
gut zu entwickeln, brauchen Kinder unbedingt möglichst viel
Anregung, Unterstützung und Hilfe von den Eltern. Nur so entfalten sie das Potenzial, das sie heute so dringend brauchen!

Die Masche ist einfach: Jede Angst bildet den Grundstoff einer
neuen Erziehungstheorie. Jede Angst ist frisches Futter für die
Spekulanten auf dem Erziehungsmarkt. Jede Angst ist das Bauma-
terial eines prächtigen Luftschlosses.

Und jede dieser Ängste nährt sich von einem Missverständnis.

Den genannten Ängsten ist nämlich eines gemeinsam: Sie
lassen die Geschichte unserer Kinder außer Acht. Wenn unsere
Kinder wirklich auf ihrem jahrtausendelangen Weg bestehen
konnten, dann deshalb: weil sie gute Antworten auf die Herausforderungen gefunden haben, die sich ihnen stellten. Deshalb,

weil sie Stärken entwickelt haben. Warum denn sollten sie eine Ansammlung von Problemen und Schwächen sein? Wie hätten wir Menschen uns dann unter den schwierigen Bedingungen der Vergangenheit behaupten können?

Sehen wir unsere Ängste deshalb endlich als das, was sie sind: als unsere eigenen Erfindungen.

Die Angst vor dem Verwöhnen

Packen wir gleich die erste Angst bei den Hörnern: die Angst vor dem Verwöhnen. Eltern haben längst akzeptiert, dass Kinder nach ihrem eigenen Tempo sauber werden, und die meisten sehen auch die Zornanfälle nicht mehr gleich als moralische Kernschmelze an. Nur beim Thema Verwöhnen scheint sich seit den Zeiten wenig getan zu haben, als noch Freud persönlich davor warnte, zu viel mütterliche Zärtlichkeit beschleunige die sexuelle Reifung des Kindes.

Heute steht hinter der Angst vor dem Verwöhnen eine andere Sorge: zu »weich« behandelte Kinder könnten es später schwer haben in der rauen Welt. Die Welt ist nun mal nicht mit Plüsch ausgelegt! Eine gewisse Härte und »dosierte Versagung« könnten den Kindern also helfen, ihren Platz im Leben besser zu finden und zu behaupten.

Der Behaviorismus (die in der Nachkriegszeit tonangebende psychologische Denkschule) ließ diese Argumentation geradezu zwingend erscheinen. Wie Experimente an Ratten eindeutig belegten, wird deren Verhalten durch Belohnung häufiger, durch Bestrafung seltener. Auf ein Baby übertragen müsste das doch heißen: Wird ein schreiendes Baby hochgenommen, so wird es wegen dieser »Belohnung« nur noch häufiger schreien! Und ein kleines Kind, durch viel Kuscheln, Getragenwerden oder überhaupt durch Nähe zu seiner Bezugsperson »belohnt«, wird nach dieser Logik umso gieriger sein nach Nähe und Umsorgtsein!

Schadet Nähe?

Dieses Argument wurde hunderttausendfach verbreitet. Es wurde Millionen von Müttern als Warnung vorgehalten.

Nur, unsere Kinder erzählen eine andere Geschichte.

Denn unsere Kinder stammen aus einer Welt, in der Nähe – und zwar viel davon – ihr wichtigster Schutz war. Über die weiteste Strecke der menschlichen Geschichte lebten wir Menschen ja den Lebensstil der Jäger und Sammler. Genauer gesagt verbrachten wir auf diese Art über 99% unserer Geschichte – bis wir vor etwa 10.000 Jahren (in vielen Gebieten Europas erst vor 4.000 Jahren) sesshaft wurden. In den hunderttausenden von Jahren davor spielte sich das Leben in mobilen Gruppen von vielleicht 50 bis 150 Stammesmitgliedern ab, dauerhaft geschützte Behausungen gab es nicht.

In dieser Welt war die Nähe vertrauter Erwachsener und deren unmittelbare Zuwendung für kleine Kinder das einzige Ticket zum Überleben. Kinder etwa, die ohne zu zögern alleine unter den viel besungenen Sternlein am Himmel eingeschlafen wären, wären in dieser Welt tote Babys gewesen! Sie wären von Hyänen verschleppt, von Nagetieren angeknabbert oder bei einem nächtlichen Temperatursturz unterkühlt worden. Auch dass kleine Kinder viel getragen wurden, dass sie häufig, nach Bedarf und lange gestillt wurden, dass ihr Schreien rasch erhört wurde – all das war Teil des ganz normalen, für jeden kleinen Homo sapiens zu erwartenden Lebensprogramms.

Können Kinder wirklich »verwöhnt« werden, indem sie das bekommen, was ihnen bis in die jüngste Vergangenheit überhaupt erst das Überleben ermöglichte?

Andere Zeiten – andere Kinder?

Aber ist der Vergleich mit der Vergangenheit eigentlich zulässig? Die Umwelt ist heute garantiert tigerfrei, die Zentralheizung funktioniert, die Eltern sorgen auf moderne Art für Schutz und Geborgenheit der Kleinen.

Wenn da nicht die Instinkte der Kinder wären. Mit denen leben unsere Kinder noch immer in der »alten« Welt, in der ihr einziger Schutz aus der Nähe vertrauter, starker Erwachsener bestand. Dass die Eltern die Webcam über dem Bettchen laufen haben, das spürt ein Baby nicht. Woher soll es denn wissen, dass die Tür sicher verschlossen ist und es Bären nur noch im Zoo gibt? Sicherheit kann es zunächst nur körperlich erfahren, durch Berührungen, Gerüche, durch sinnliche Erfahrungen also. Sein von der Evolution gestricktes Gefühlskleid hat sich durch die Erfindung des Babyphones ja nicht geändert – die dreifach verglasten Fenster, die die Kälte abhalten und vor Raubtieren schützen, sind sozusagen noch nicht in seiner Seele angekommen.

Wer zweifelt, mag sich an einen Campingurlaub erinnern. Da raschelt es dort draußen, da streicht vielleicht ein Igel durchs Gebüsch – wirklich ein Igel? In der Ferne hört man Laute, die man sonst nie hört, und wenn es zu tröpfeln beginnt, droht gewiss ein Sturm. Selbst uns Erwachsene treibt es da näher zueinander (dabei *wissen* wir ja tatsächlich, dass die Geräusche dort draußen von keinem Säbelzahntiger stammen!). In der sichersten aller Welten bekommen wir Großen es mit der Angst zu tun.

Würden wir unseren Säugling da in ein eigenes Zelt legen? Undenkbar! Undenkbar selbst in lauen Nächten, in denen ein Baby nicht gleich erfrieren würde, wenn es sich aus seinem Schlafsack strampelt. Undenkbar erst recht in einer Umwelt, in der draußen ein Wildbach rauscht, Raubtiere nach Beute suchen und in der die Temperatur eben nicht auf die empfohlenen 16 bis 18 Grad einzustellen war.

Aber genau das ist die Welt, in der die Instinkte unserer Babys noch heute wurzeln. Mit ihren Ängsten und Erwartungen leben auch die modernen Kleinen zunächst einmal dort draußen. Bis sie ihre eigenen Sicherheiten gebildet haben (ein Prozess, der erst jenseits der Säuglingszeit überhaupt beginnen kann), sind sie im Grunde Steinzeitbabys. Und die brauchen mehr als ein bisschen Ruckeln am Kinderwagen und ab und zu den Schnuller rein ...

Nähe heute – wozu?

Dass das auch heute noch gilt, zeigt die Wissenschaft. Nach ihren Befunden hilft früher Hautkontakt den Babys bei der Anpassung ihres Stoffwechsels nach der Geburt. Eine Unterzuckerung etwa kommt am Körper der Mutter weitaus seltener vor. Atmung, Kreislauf und Körpertemperatur sind bei Körperkontakt stabiler, und auch das Stillen klappt Haut an Haut besser. Von Frühgeborenen ist bekannt, dass sie bei »Känguru-Pflege« (bei der das Baby statt im Inkubator zeitweise am Körper der Mutter liegt) schneller wachsen und ein stärkeres Immunsystem entwickeln.

Die Nähe scheint aber nicht nur dem Körper gutzutun, sondern auch der Seele. Babys, die regelmäßig am Körper getragen werden, sind ausgeglichener und weinen insgesamt weniger. Zugleich hilft ihnen die Nähe bei der Entwicklung von Urvertrauen – auch Bindungssicherheit genannt. Entwicklungspsychologen führen das darauf zurück, dass in körperlicher Nähe mehr »Kanäle« für die Kommunikation benutzt werden (dazu gleich mehr). Von der Nähe profitiert ebenso die Mutter: Mütter, die ihre Neugeborenen häufig bei sich haben, leiden seltener an Wochenbett-Depressionen. (Hier sei kurz daran erinnert, dass zu den wissenschaftlichen Aussagen jeweils Quellenangaben im Anhang zu finden sind.)

Körperliche Nähe ist also auch heute noch »eingeplant«. Und sie stärkt nicht nur das Baby, sie stärkt auch die Mutter – ein Hinweis darauf, dass das Leben mit einem Säugling kein Tauziehen ist, wie es manchmal dargestellt wird, sondern ein wechselseitiges Geben und Nehmen.

Nähe und Lernen

Ja, Nähe erleichtert sogar das Lernen. Ist das denn in den ersten Wochen und Monaten überhaupt schon Thema bei den Kleinen? Und wie! Denn Eltern und ihre Babys mögen Traumpartner sein, das gemeinsame »Tanzen« im Alltag aber müssen sie nach und nach erst entdecken und – ja: *erlernen*. Die ersten Lebensmonate sind sozusagen eine Übungsstrecke. Da erfahren Mutter und Kind, wie man ohne großen Aufwand, feinfühlig und niederschwellig miteinander kommuniziert. Glückt der Tanz, so kann auf grobe Signale (wie etwa Schreien) leichter verzichtet werden.

Tatsächlich lässt sich auch im Alltag zeigen, dass Nähe den intuitiven Austausch fördert. In einem klassischen Experiment erhielten 25 zufällig ausgewählte, sozial benachteiligte Mütter nach der Geburt Tragesäcke. 25 andere, ebenfalls zufällig ausgewählte Mütter bekamen gepolsterte Plastikliegeschalen für ihre Kinder. Das ganze erste Lebensjahr über wurden die Kleinen regelmäßig auf ihren Entwicklungsstand untersucht und der Umgang von Mutter und Kind beobachtet und ausgewertet. Dabei zeigte sich, dass die Mütter, die ihre Säuglinge trugen, schon nach wenigen Monaten sensibler mit ihren Kindern umgingen. Nach einem Jahr wurde bei 83% der »Tragekinder« eine sichere Bindung zur Mutter festgestellt – also eine gute emotionale Beziehung. Unter den Nicht-Getragenen wiesen nur 38% eine sichere Bindung auf.

Belohnen und Bestrafen

Aber was ist dann mit der Annahme, dass Babys auch mal warten sollten, damit sie nicht allzu fordernd werden? Vermasseln wir uns mit der Nähe nicht die Erziehung? Bekommt, wer auf »unerwünschtes Verhalten« nachgibt, nicht irgendwann dafür die Quittung – ein ewig schreiendes, ein schlecht schlafendes, immer forderndes, immer unzufriedenes Kind?

Zumindest wissenschaftlich hat diese Altlast der Pädagogik ihr Endlager gefunden. In den Untersuchungen der heutigen Entwicklungspsychologie zeigt sich nämlich eines: Diejenigen Bedürfnisse, die für die Entwicklung eines Kindes von grundlegender Bedeutung sind, können von außen gar nicht gesteuert werden! Kinder werden nicht weniger hungrig, wenn wir ihren Hunger ignorieren. Und sie fangen nicht an, uns aus dem Haus zu futtern, wenn wir ihnen zu essen geben, wenn sie hungrig sind!

Und so ist es auch mit dem Weinen: Babys, die verlässlich getröstet werden, schreien später eben nicht mehr, sondern weniger als solche, die »warten« mussten.[2] Babys geben das Weinen nicht auf, nur weil wir sie schreien lassen. Sie weinen aus ihrer Sicht ja nicht, um ungebührliche Ansprüche anzumelden, sondern um ihr Leben zu retten!

Diese Zusammenhänge sind wissenschaftlich so gut untermauert, dass man sich schon fragen muss, warum man dieses Geschwätz über Babys noch immer so oft zu hören bekommt.

Die Wurzel von Verwöhnung

Aber heißt das, dass man Kinder nicht verwöhnen kann? Natürlich gibt es verwöhnte Kinder – Kinder, die sich partout nicht von dem extremen Egoismus trennen können, der im Kleinkindalter zunächst einmal ein völlig normaler und wichtiger Teil der Entwicklung ist. Kinder, die alles haben müssen, und zwar sofort, und die es einfach nicht lernen, sich auf die Bedürfnisse anderer einzustellen. Aber: Das Problem dieser Kinder rührt nicht daher, dass sie zu viel Nähe bekommen hätten oder dass ihre emotionalen Bedürfnisse zu freizügig gestillt worden wären. Ihr Problem liegt in einem anderen Bereich: Sie sind in ihrer sozialen Entwicklung stecken geblieben. Ihr Weg in die Selbstständigkeit – der beim Menschen ja immer auch ein Weg in die Gemeinschaft ist – hat Schlagseite bekommen.

Entwicklung ist nun einmal eine Frage der Balance. Kinder brauchen Nähe – aber sie brauchen auch die Verankerung in der Gemeinschaft. Und das heißt umgekehrt: Wer seinen Kindern viel Nähe gibt, gibt ihnen dadurch eine gute Basis – aber er gibt ihnen damit noch lange nicht *alles*. Auch aus eng umsorgten Babys können einmal problematische Erwachsene werden. Nähe allein ist noch kein Entwicklungsmotor. Sie muss immer auch sozial belebt werden (und dass es *da* heute für die Kinder in der Tat Probleme gibt, werden wir noch sehen).

Die Angst vor den Tyrannen

»Da Kinder nicht gehorsam geboren werden, ignorieren sie Anweisungen, rebellieren gegen Erziehungsmaßnahmen, missachten Gebote und wenden alle Mittel an, um ihren eigenen Willen durchzusetzen.« Sagt Bernhard Bueb in seinem *Lob der Disziplin*. Auch Amy Chua, die ihren Kindern angeblich das Siegen (möglicherweise garniert mit ein paar Macken) beibrachte, sieht sich vor allem als »Exerzierfeldwebel«. Ihr Tipp: Gegenangriffe der Kinder seien am besten mit »Hinterlist« und »Taktik« zu parieren.

Dieser Pessimismus ist aus Sicht der Evolution zunächst einmal bemerkenswert. Warum sollten Kinder, die in der Vergangenheit ohne den Schutz ihrer Eltern kaum ein paar Stunden überlebt hätten, versuchen, die Macht im Laden zu übernehmen? Warum sollen sie darauf gepolt sein, »ihren Willen durchzusetzen«? *Gegen* die Erwachsenen? Aus Sicht der Evolution legt es eigentlich kein Lebewesen darauf an, möglichst rasch zu Tierfutter zu werden.

Als Beweis für den angeblich angeborenen kindlichen Widerstand werden immer wieder die »Trotzanfälle« genannt, die Kleinkinder ja in schöner Verlässlichkeit im Lauf des zweiten Lebensjahres entwickeln und dann ein bis zwei Jahre lang regelrecht zelebrieren. Gerne auch an der Kasse im Supermarkt.

Geht es da um die Macht? Aus evolutionärer Sicht ist das dringend zu überdenken. Hinter einem solch aufwendigen Verhalten, das Kinder enorm viel Energie kostet, müsste nämlich ein Nutzen stehen. Ein großer Nutzen – ein Nutzen für ihre Entwicklung. Und sicherlich nicht der, dass die Eltern ihre »Macht« aufgeben oder beleidigt die Flucht ergreifen!

Welchen Sinn macht es also, die Versorger gegen sich aufzubringen, wo man doch vorher durch gezielte Charme-Offensiven so ziemlich alles bekommen hat?

Der Sinn erschließt sich nur, wenn man das Alter betrachtet, in dem die Anfälle sich einstellen: die zweite Hälfte des zweiten Lebensjahres. Jetzt entwickeln die vorher so leicht zu steuernden Kleinen auf einmal ihren »Willen« – egal, ob sie einen Pastor zum Vater haben oder einen Piraten, egal, ob sie in München wohnen oder in Manila. Warum?

Aus evolutionärer Perspektive zerfällt die frühe Kindheit in zwei radikal unterschiedliche Abschnitte. Ja, ließe man die Geschichte der letzten vielen Tausend Jahre im Zeitraffer laufen, wäre man erstaunt, wie wenig kontinuierlich die Kindheit einmal verlief (eine Beobachtung, die wir noch heute in traditionellen Gesellschaften machen können): Etwa drei Jahre lang sind die Kleinen Schoß-, Trage- und Stillkinder, ihr Leben spielt sich ganz stark im Nahbereich ihrer Pflegepersonen ab. Dann aber steht der Sprung über einen regelrechten Graben an. Mit der Geburt des nächsten Kindes nämlich sind die bisherigen Schutz-, Lebens- und Lieblingsplätze auf einmal belegt. Schoß, Brust, Rücken, der Schlafplatz an der Seite der Mutter – alles muss jetzt geräumt werden. Jetzt ist es der Neuankömmling, der das »volle Programm« bekommt, ohne das ein Steinzeitbaby nun einmal nicht sicher hätte gedeihen können. Und das Leben der Mutter als Sammlerin (und damit auch Wanderin) ging ja weiter …

Das ältere Kind wurde also regelrecht vom Schoß der Mutter katapultiert. Wo ging es hin? Mitten in den Clan hinein. Andere vertraute Erwachsene sorgten jetzt für das Kind. Vor allem aber landete das Kind – bei anderen Kindern, nämlich in der gemischtaltrigen Kindergruppe (die wird uns noch beschäftigen). Und in diesem neuen Lebensraum musste das Kind fit sein. Da musste es »mehr können« als auf dem Schoß der Mutter. Viel mehr! Dieses Mehr aber fällt nicht vom Himmel – es muss geübt werden. Und zwar schon, bevor das Kind dann tatsächlich über den »Graben« springen muss! Eben dieses Üben packen die Kleinen auch an. Sie bereiten sich klammheimlich auf den ersten Bruch in ihrem Kinderleben vor.

Wie sie das tun, erschließt sich, wenn man einmal betrachtet, was bei den Kindern so ab 18 Monaten genau passiert. Auf einmal sagen sie »Nein« und haben Zornanfälle, wenn man ihnen den Reißverschluss zumachen will. – Und das ist gut so: Sie sollten jetzt ja tatsächlich möglichst viel »selber machen« damit die kleinen Fingerchen rasch geschickt werden, die Sinne geübt und der Körper stark wird. Und da ist eine klare Ansage, ja, die Drohung mit einem Anfall, genau das Richtige! Wer würde denn den Reißverschluss zumachen, wenn das Kleine nicht auf einmal so einen Dickkopf hätte? Mit dem laut gebrüllten »Selber machen!« schützt das Kleinkind also auch seinen Entwicklungsraum gegenüber den Großen, die ja alles so viel besser können. Schon einmal dabei gewesen, wenn ein Kleinkind einen Wasserhahn aufdrehen will?

Natürlich ist das alles irrational und natürlich geht es da oft »nur« ums Prinzip, nur um das Nein. Aber die Revolution richtet sich nicht gegen die Eltern. Bei diesem Eigensinn geht es nicht um Macht. Das ist eine Revolution für die eigenen Interessen – für die Interessen der eigenen Entwicklung. Und genau dieser natürliche Eigensinn steckt auch noch heute in unseren Kindern – die Natur liefert nun einmal nicht jeder Generation ein Update für deren Verhaltensprogramm. Vor allem aber: Dieser Eigensinn unterstützt auch heute noch die Entwicklung unserer Kinder.[3]

Brav sein – für die Eltern?

Und hier wäre also meine Frage: Was, bitteschön, ist daran auszusetzen, dass Kinder für ihre eigenen Interessen eintreten? Warum interpretieren wir die kindlichen Verhaltensweisen so hartnäckig als Ausdruck einer angeblichen »Machtfrage«? Ein Rätsel in der Tat. Es beginnt schon damit, was wir als »brav« definieren. Ein Kind ist »brav« (also gut), wenn es so ist, wie wir uns das in unserem eigenen Interesse wünschen. »Mein Kind war heute Nacht gar nicht brav«, sagt da eine Mutter zu ihrer Hebamme – »es hat mich heute Nacht zweimal geweckt.« Am zweiten Tag des Wochenbetts war also das Kind nicht »brav«, weil es das gemacht hat, was Babys seit Hunderttausenden von Jahren machen müssen, um am Leben zu bleiben – nämlich sich auch nachts mit Nahrung versorgen! Irgendwo muss es uns da mit unseren Vorstellungen, wie Babys sich verhalten sollen, aus der Kurve getragen haben.

Mit dieser Masche wird aus so ziemlich jeder kindlichen Verhaltensweise ein Protest, ja, ein Angriff auf die Eltern. Dass das Kind sein Gemüse nicht isst (wo es doch vorher so »brav« seine Gläschen gelöffelt hat): klarer Ausdruck seines Dickkopfs. Dabei war das einmal Voraussetzung für sein Überleben (warum, erzähle ich Ihnen später noch genauer). Dass es auf dem Nachhauseweg vom Spielplatz hochgenommen und getragen werden will: ein Ausdruck von Manipulation – aus evolutionärer Sicht aber ein ganz normales Verhalten. Dazu will ich Sie noch einmal kurz in die Vergangenheit entführen, in der Sie eben nicht in einer Drei-Zimmer-Wohnung mit Ihrem Kind lebten, sondern Teil eines mobilen Stammes von vielleicht 50 bis 150 Mitgliedern waren. In Ihren Jagd- und Sammelgründen lebten auch Hyänen und Raubkatzen, im Winter vielleicht sogar ganz in der Nähe Ihres Lagers. Da waren Bäche, die reißend anschwellen konnten. In dem Wald, durch den Sie mit Ihrem Kind streiften, standen Tollkirschen und Heidelbeeren eng beieinander. In dieser Umwelt war eines gewiss: Kleinkinder wurden hochgenommen, wann immer sich die

Gruppe in Bewegung setzte, immer. Alles andere wäre viel zu gefährlich gewesen – wie leicht hätten die Kleinen im Unterholz verloren gehen, in einen Bach stolpern oder eben hinter der Gruppe zurückbleiben können (wilde Tiere haben es immer auf verirrte Jungtiere abgesehen). Und deshalb: Ja, es nervt, wenn die Kleinen sich an die Mutter klammern, sobald die sich in Bewegung setzt – wo sie doch vorher ihre Beinchen beim Spielen im Park so gut benutzen konnten! Aber Kleinkinder tun das nicht, um ihre Eltern zu ärgern, das war einmal eine Frage ihres Überlebens. (Ähnliches gilt übrigens für eine andere hartnäckige »Unart« von Kleinkindern – dass sie immer die Aufmerksamkeit der Erwachsenen einfordern. Wenn die Mutter mal nicht zuguckt und etwa mit einer anderen Mutter plaudert, unterbrechen sie deren Gespräch sofort ... Ja, auch das nervt. Früher aber war es ein sehr kluger Zug, dafür zu sorgen, dass die Mutter ihre volle Aufmerksamkeit auf das spielende Kind richtete – zu schnell hätte eine Hyäne sich anschleichen können.)

Die Angst, nicht perfekt zu sein

Vielleicht ist die größte Angst heutiger Eltern aber die: dass sie ihren Job nicht perfekt machen. Dass sie als Eltern vielleicht einmal einen Durchhänger haben – und alles ist vermasselt. Dass sie ihren Kindern nicht das Beste bieten können – und schon haben die einen Schaden fürs Leben!

Aus Sicht der Evolution ist das eine unbegründete Sorge. Kinder sollten auch dann »etwas werden«, wenn nicht alles optimal läuft, sondern lediglich »gut genug«. Denn unter dem Strich war die Welt, in der sich die Menschheit entwickelt hat, kein Schlaraffenland. Kinder sind darauf ausgelegt, die Kurve ins Erwachsenenleben auch dann zu kriegen, wenn die Sonne nicht immer scheint.

Systemtheoretiker weisen sogar darauf hin, dass ein derart komplexes System wie die Evolution gar nicht mit »optimalen« Bedingungen rechnen *kann* – und mit Treibhausbedingungen schon gar nicht. Denn ein System, das nicht auch einmal einen Fehler ausbügeln kann, bricht unter realen Bedingungen rasch zusammen. Das menschliche Entwicklungssystem muss ja unter den vielfältigsten Umständen funktionieren – in der Wüste Gobi genauso wie in der Arktis. Die kindliche Entwicklung *kann* gar nicht dieses kapriziöse, unglaublich anfällige Uhrwerk sein, in dem jedes Stäubchen stört und jedes Sandkorn gleich den Zeiger anhält! Die kindliche Entwicklung orientiert sich eher am Prinzip VW-Käfer: und läuft und läuft und läuft ...

Aus evolutionärer Sicht gibt es aber noch einen zweiten Grund, weshalb das Wohl und Wehe unserer Kinder nicht am seidenen Faden unserer täglichen Entscheidungen als Eltern hängt: Wir Menscheneltern sind Teil eines größeren Systems »Erziehung«. Und dieses System ruht nicht allein auf unseren Schultern – da sind Freunde mit von der Partie, Erzieherinnen, Lehrer, Verwandte, Nachbarn, Geschwister und natürlich auch die so oft vergessenen anderen Kinder. Zwischen dem, was wir, im positiven wie im negativen Sinn, für unsere Kinder tun, liegt damit so mancher Puffer und so manche Chance auf Wiedergutmachung und Gesundung. Rund um den Globus gibt es glückliche Kinder – auch dort, wo die Eltern einige Lasten mit sich zu schleppen haben. Und Kinder gedeihen auch dort, wo Eltern ihre Kinder völlig anders erziehen, als die Ratgeber hierzulande das (*dringend!*) empfehlen. Das Glück der Kinder scheint weder an einer bestimmten »Methode« noch an »optimalen Eltern« zu hängen.

Nicht gestört, nicht feindlich gesinnt

Das Kind unserer Träume schläft durch, isst sein Gemüse, liebt auch Spinat, und es schläft allein, ohne die Nähe von Mama und Papa einzufordern. Es hat keine Zornanfälle, lacht Fremde freundlich an (nur die Richtigen natürlich) und benimmt sich auch in der Pubertät »vernünftig« und besonnen. Die brutale Wahrheit ist aber die: Ein solches Kind hätte sich unter den Bedingungen der Vergangenheit nie erfolgreich entwickelt.

Nehmen wir als Erstes also die verunglimpfenden Töne aus dem Kinderbild, wir brauchen sie nicht mehr: Kinder sind uns Erwachsenen nicht feindlich gesinnt. Sie sind keine potenziellen Tyrannen und wir nicht ihre Bezwinger. Sie wollen uns mit ihrem Verhalten nicht eins auswischen, uns »manipulieren« oder gar die Macht im Laden übernehmen.

Ja, wir müssen das Verhältnis von Kindern und Eltern aus evolutionärer Sicht überhaupt neu verstehen. Grundlage kindlicher Entwicklung ist nicht ein »Machtgefälle« von den Eltern zum Kind, mit Hilfe dessen die kindliche Psyche »geformt« wird, wie Michael Winterhoff das annimmt. Kinder gedeihen in funktionierenden Beziehungen. Und darauf legen sie es an, von Anfang an. Da geht es nicht um Führung oder Macht, sondern: um gemeinsames Lernen!

Und Kinder sind auch nicht »gestört«, auch diese Sorge können wir streichen. Dass sie als Babys und Kleinkinder unsere Nähe suchen, ist kein ungebührlicher Übergriff. Und dass sie alleine schlecht schlafen, keine »Schlafstörung«. Auch dass sie eine Zeit lang kein Gemüse essen, ist keine Essstörung oder sonst wie ein Defekt. Diese »Störungen« gehören zum Lieferumfang eines jeden jungen Homo sapiens.

Was ist aber mit unserer vierten Angst – der Angst, die Kleinen nicht genug zu fördern? Geduld. Sie hat sich in den letzten Jahren so sehr in den Vordergrund geschlichen, dass wir sie mit etwas mehr Fundus im Gepäck angehen werden (siehe »Die Freiheit der Kinder« ab Seite 53).

2
AUSMISTEN! WELCHE MYTHEN ENTSORGT GEHÖREN

Anstatt uns ständig zu ängstigen, fangen wir doch lieber mit den Fragen an.

Warum denn sollen Babys diese kleinen Rentner sein, die man angeblich mit der Uhr in der Hand nach genauen Vorschriften hegen und pflegen, bespielen, ausführen und mit den neuesten »Pflegeprodukten« und »Förderspielzeugen« versorgen muss? Sind all das wirklich die Bedürfnisse der Babys – oder vielleicht doch eher jene der Anzeigenkundschaft der zahlreichen Elternmagazine?

Warum braucht es ein Farb-Leitsystem für die Beikost? Ein Werbegag der Industrie, damit sie ihren Stracciatella-Nachtisch jetzt auch noch bei den Babys los wird? Aus evolutionärer Sicht jedenfalls ist ein »Beikostfahrplan« so plausibel wie die Vorstellung, dass man einen Kuckuck in einer Kuckucksuhr findet: Babys bekamen durch die Jahrtausende zugefüttert, was saisonal verfügbar war – von Knochenmark über Früchte, Beeren bis hin zu Knollen. (»Gemüse« dürfte eher selten dabei gewesen sein.) Entsprechend sah die Beikost für ein Baby, das im Frühjahr geboren wurde, komplett anders aus als für ein Herbst-Kind. Gleich war dabei immer nur eines: Die Kinder wurden trotz des Zufütterns weiter gestillt – während heute oft stillschweigend angenommen wird (und in den Broschüren der Babynahrungsindustrie dankbar weitergereicht wird), das Einführen von Beikost sei der Startschuss zum Abstillen – jetzt gelte es Brustmahlzeit um Brustmahlzeit durch Gläschenkost zu ersetzen.[4]

Ja, *warum* sollen Babys das Plantschen im Wasser brauchen, um »ihr Körpergefühl zu entwickeln«, wie die Anbieter von Babyschwimmkursen behaupten? Nichts gegen das Plantschen mit einem Baby – aber wie sind Kinder denn früher geschickt geworden, als Eltern mit dem Baby auf dem Rücken sammeln gingen und nicht ins Schwimmbad?

Und *warum* soll sich die Intelligenz der Kleinen schneller entfalten, wenn im Kindergarten Chinesisch gesprochen wird? Intelligenz war zu allen Zeiten der Menschheitsgeschichte eine begehrte Ressource, es sollte keiner filigranen Bedingungen bedürfen, damit sie sich bilden kann.

Da gibt es also Einiges aufzuräumen. Nehmen wir jetzt eine Behauptung nach der anderen und legen sie auf die evolutionäre Waage: Was ist dran an der Theorie, Kinder brauchten ihr eigenes Bettchen, um selbstständig zu werden? Was ist dran an der Behauptung, Kinder brauchten ihr Gemüse, was an der Behauptung, »Regelmäßigkeit« tue ihnen gut? Und was genau ist so schlimm an der Pubertät?

Das eigene Bettchen als Ziel?

»Jedes Kind kann schlafen lernen« – was für eine großaratige Verheißung eines Buchtitels, der wohl allen Eltern bekannt ist. Aber trotz millionenfach verkaufter Ratschläge scheint das Schlafen unserer Kinder nicht wirklich zu klappen. Seit etwa 20 Jahren diagnostizieren Kinderärzte bei immer mehr und bei immer kleineren Kindern »Schlafstörungen«. Und allerorten schießen »Schlafambulanzen« aus dem Boden.

Das hat einen simplen Grund, nämlich: die evolutionäre Geschichte unserer Kinder. Alleine einzuschlafen passt kleinen Kindern nicht in ihr Entwicklungsprogramm, wie es sich im Lauf der Menschheitsgeschichte ausgebildet hat – auch wenn manche Ratgeber, wie etwa der oben genannte, das anders darstellen. Der einzige sichere Schlafplatz für leckere kleine Geschöpfe war bis in die jüngste Vergangenheit dicht bei einem vertrauten Erwachsenen. Da ging es ganz simpel ums Schlafen – nicht um das Schlafenlernen.

Und dieses »Wissen« tragen die Kleinen noch heute in sich. Denn auch wenn wir den gefährlichen Lebensstil der Jäger und Sammlerinnen vor ein paar Tausend Jahren verlassen haben – unsere heutigen Babys starten nun einmal mit den aus der Geschichte ererbten Gefühlen in ihr Leben (wie gesagt, die Natur ist mit ihren Updates quälend langsam). Kein Wunder, dass den kleinen Menschen das Allein-Schlafen – das ja erst vor wenigen Generationen überhaupt in den Katalog der kindlichen Lernziele hineingerutscht ist – ängstigt.

Besonders explosiv wird die Lage, wenn zu dem Baby mit seinen Ängsten (»Die werden mich doch nicht allein lassen?«) auch noch elterliche Ängste kommen (»Wenn wir jetzt nachgeben, verwöhnen wir das Kleine!« Oder: »Wenn Linus nicht lernt, alleine einzuschlafen, wird er es sicher schwer haben, selbstständig zu werden!«). Kein Wunder, dass den Schlafambulanzen da die Arbeit nicht ausgeht. Und ein triftiger Grund, nach Kompromissen zu suchen (gleich mehr zu dieser Suche).

Die Angst vor dem krummen Rücken

Wenn das mit dem Schlafen schon so schwierig ist, wie ist es dann mit dem Tragen? Ja, *darf* man kleine Kinder denn überhaupt tragen – in einem Tragetuch etwa? Noch immer fällt vielen (darunter, leider, auch manchen meiner kinderärztlichen Kollegen) dazu als Erstes ein: ein orthopädisches Doppelproblem – schlecht für den Rücken des Kindes und schlecht für den Rücken der Mutter! Dabei ist das Getragenwerden die angestammte Form des Transports für ein Menschenbaby. Tragen war nun einmal über die ganze Menschheitsgeschichte hinweg so ziemlich die einzige Option, um mit einem Kind von A nach B zu kommen. Noch heute werden Babys in den meisten Kulturen rund um den Globus getragen – von krummen Rücken keine Spur. Seltsam auch, dass die Epidemie der Rückenprobleme, die so viele von uns plagen, ausgerechnet in einer Generation auftritt, die brav Wägelchen geschoben hat und im Wägelchen geschoben wurde.

Und seltsam auch die Epidemie der »lagebedingten Plagiocephalie«, wie Kinderärzte die plattgelegenen Hinterköpfe bei Säuglingen und Kleinkindern nennen, die sie immer öfter in der Praxis sehen. Dagegen verordnen sie etwa häufiges Umlagern – das Baby soll nicht immer auf seiner Lieblingsseite liegen. Oder sie verschreiben gar aufwendige orthopädische Helme, die das Köpfchen dann wieder geradedrücken sollen.

Die eigentliche Vorbeugung gegen plattgelegene Kinderköpfe ist aber das, was in der menschlichen Geschichte schon immer Usus war: dass Babys eben nicht immer liegen, sondern, ja – getragen werden. Dazu aber bekommen Eltern noch immer viel zu oft eine falsche Auskunft: Das sei für das weiche Rückgrat des Babys problematisch! Dabei gibt es keinen einzigen Fallbericht, nach dem ein Baby durch das Tragen einen krummen Rücken bekommen hätte.

Zudem stellt das Getragenwerden am Körper, verglichen mit dem Kinderwagen, die für die Entwicklung der Kinder weitaus reichhaltigere Alternative dar: Schon früh bewegt sich das Baby mit, benutzt seinen Halteapparat, seinen Gleichgewichtssinn und überhaupt seine Sinne – es spürt seine Mutter, hört ihre Sprache, reagiert auf ihre Gefühle und tritt in einem geschützten Raum auch mit anderen Menschen in Beziehung. Und anstatt im Buggy in der Fußgängerzone vor sich nur wackelnde Hintern zu sehen und auf Auspuffhöhe auf dem Gehweg geschoben zu werden, sind die Kinder viel stärker in die menschliche Kommunikation eingebunden (die nun einmal übers Gesicht und nicht über den Allerwertesten läuft). Wenn es nicht so lächerlich wäre, könnte man das Tragen geradezu als »Frühförderung« bezeichnen![5]

Und hier ist das Rätsel: *Warum halten wir dennoch den Transport in einem gefederten Bettchen auf Rädern für den Normalfall – auch wenn die Kinder dort von der Welt vor allem den* (zumindest tagsüber) *am wenigsten interessanten Teil mitbekommen, den Himmel? Warum* reden wir so viel über mögliche Rückenprobleme beim Tragen – und so wenig von den Hunderten von Chemikalien, die nach einer Untersuchung der *Stiftung Warentest* von den Plastikteilen neuer Kinderwagen ausgedünstet werden und unter anderem das Gehirnwachstum der Babys negativ beeinflussen? *Warum* verlangen wir Grenzwerte für Dioxine in Eiern und nicht für die Plastikgehäuse, in denen unsere Babys oft Stunden verbringen? Vielleicht weil die meisten Hersteller dann vom Markt fliegen würden?

Die Angst vor der Unregelmäßigkeit

Noch immer hält sich die Vorstellung hartnäckig, Babys brauchten nur alle drei Stunden an der Brust zu trinken. Auch wird weiterhin vermutet, dass Kinder, die schon früh an »Regelmäßigkeit«

gewöhnt würden, es auch später im Leben mit Regeln und Ordnung leichter hätten.

Das Problem dabei ist nur, dass kleine Kinder gar nicht regelmäßig sein können. Denn von der Natur ist es so eingerichtet, dass die Nahrung der Kleinen zunächst einmal sowohl Hunger als auch Durst stillen muss – einmal mehr das eine, einmal mehr das andere. Die Vorstellung, dass Babys den Busen regelmäßig alle drei (oder gar alle vier) Stunden leerputzen, ist deshalb schlicht und einfach eine willkürliche Erfindung (die nicht ohne Grund im Industriezeitalter gemacht wurde). Babys folgen nicht der Uhr. Einmal brauchen sie mehr Kalorien (etwa wenn sie tagsüber viel wach waren oder viel Aufregendes erlebt haben), einmal brauchen sie mehr Flüssigkeit, etwa wenn es warm ist oder wenn sie viel gestrampelt haben. Zudem geben sie bei der Entwicklung einmal mehr Gas, einmal weniger – schon deshalb müssen sie manchmal häufiger an die Zapfsäule, manchmal seltener. Von Säuglingen Pünktlichkeit bei der Nahrungsaufnahme zu verlangen ist also ähnlich putzig, wie wenn wir meinten, wir selbst sollten am besten nach der Uhr aufs Klo gehen.

Wer jetzt lacht, mag ein Elternmagazin kaufen. Dort empfehlen »Forschungsinstitute« genau vier Mahlzeiten – für Säuglinge ab dem fünften Monat(!). Der Stundenplan beginnt um sechs oder sieben Uhr (»nicht viel später, weil sich die folgenden Mahlzeiten sonst zu weit nach hinten verschieben«). Mahlzeit, hoffentlich funktioniert der Wecker!

Die Antwort der Babys auf »Regelmäßigkeit« ist vorhersehbar: Säuglinge, die nach Plan gefüttert werden, schreien mehr als von der Uhr befreite Kinder. Und sie gedeihen körperlich weniger gut. Auch beim Schlafen hat es sich bewährt, sich immer auch nach den Signalen des Kindes zu richten – genau wie wir Erwachsenen schlafen Kinder am besten, wenn sie selbst dazu bereit sind, und nicht, wenn der Zeigerstand der Uhr es will. (Diese Rücksicht auf die körperlichen Rhythmen spricht natürlich keinesfalls gegen Regelmäßigkeit in sozialen Abläufen, gerade Rituale werden von Kindern ja innig geliebt.)

Die Mär vom gesunden Gemüse

Grünzeug ist gesund. Also müssten die Kleinen ihr Gemüse doch mögen – gerade aus dem Blickwinkel der Evolution. Aber das Gegenteil ist der Fall. Nun gut, als Säuglinge sind die Kleinen noch wenig wählerisch und lassen sich alle möglichen Gemüsesorten füttern (sogar zerdrückte Oliven). Ab dem Kleinkindalter aber wird das anders, da bleibt der Mund immer fester zu, wenn das Löffelchen kommt. Mit welcher Hartnäckigkeit die Kleinen dabei vorgehen, berichten die Opfer der »Generation Spinat«: wie sie stundenlang vor dem grünen Brei saßen; wie sie daraus einen harten Klumpen kauten, den sie in der Wangentasche versteckten und anschließend ausspuckten, oder wie sie schlimme Strafen – bis hin zur (in alter Zeit) ultimativen Folterstrafe für Kinder, dem Hausarrest – in Kauf nahmen, nur um das Grünzeug nicht schlucken zu müssen.

Dahinter steht nicht oppositionelles Verhalten, sondern ein evolutionäres Programm. Denn im Kleinkindalter entwachsen die Kinder unter ursprünglichen Bedingungen ja der sehr engen Bindung zu ihren pflegenden Erwachsenen und erforschen auf eigenen Füßen die Umwelt. Da tut eines Not: Schutz vor der eigenen Unvernunft! Ein Schutzprogramm also, das das Kleinkind sicher von unbekannten Nahrungsquellen fernhält. Gar zu leicht hätten sie sonst statt einer Heidelbeere auch mal eine Tollkirsche abgegriffen. Deshalb essen kleine Kinder nur, was sie kennen. Deshalb ist ihre Devise zunächst einmal: Keine Experimente!

Dabei scheint den Kleinen ganz besonders eine Warnung einprogrammiert zu sein: das Meiden aller grünen, bitteren Nahrungsquellen. Denn giftige Pflanzen sind zu einem großen Teil auch bitter – Bitterstoffe selbst in kleinsten Mengen abzulehnen war also ein Gebot des Überlebens. Ein sinnvolles Gebot zumindest für die Zeit, in der die entgiftenden Organe noch unreif sind und das Kind noch nicht durch Lernen klug geworden ist. Erst wenn das Kind durch Vorbilder nach und nach erlernt hat, sichere

Nahrungsmittel zuverlässig zu erkennen, darf sich der Geschmackshorizont der Kleinen wieder öffnen.

Und das tut er in der Tat. Auch heute beginnen die kleinen Kostverächter im späten Schulalter dann doch ihr Gemüse, stärkere Käsesorten und andere, zuvor »undenkbare« Nahrungsmittel zu probieren!

Problemzone Pubertät

Was ist aus dieser Perspektive mit der Pubertät? Können wir auch diese schwere Krise besser verstehen, wenn wir die Herkunft unserer Kinder kennen?

Absolut. Und das ist dringend nötig. Denn was Jugendliche sich so anhören müssen, kann gut und gerne als eine Art Verunglimpfung der Heranwachsenden bezeichnet werden. Pubertät, da ist der Boulevard sich einig, das ist die Problemzone der Kindheit. Da wollen die Halbwüchsigen die Macht an sich reißen, da gehen von Hormonen entfesselte Kinder auf ihre Eltern los. Nett, wenn Kinder klein sind – schlimm, wenn sie erwachsen werden!

Dabei scheint jetzt auch noch die Hirnforschung zu bestätigen, was wir schon immer befürchtet haben: Das jugendliche Gehirn habe wichtige Hirnteile noch gar nicht ausgebildet! Es sei im Grunde noch eine Baustelle! Ja, was kann man von Jugendlichen da schon erwarten?

Aus Sicht der Evolution sehr viel. Denn wenn die Pubertät wirklich eine »spezielle Form des Wahnsinns« wäre – wie haben diese Wahnsinnigen es dann geschafft, unsere Vorfahren zu werden? Wie haben sie mit diesen vielen Mängeln (die wir ihnen inzwischen sogar mittels Kernspin attestieren) die Kurve ins Erwachsenenleben gekriegt?

Ganz einfach: weil es keine Mängel sind, sondern sinnvolle Spezialisierungen. Jugendliche haben etwas, was den menschlichen Gruppen schon immer gut getan hat. Ein ungeheures Innovationspotenzial etwa. Niemand kann neue Techniken schneller »bändigen« als Jugendliche. Niemand ist kreativer. Und niemand ist risikobereiter. Evolutionsbiologen sind sich deshalb einig: Es müssen Jugendliche gewesen sein, die das Feuer gezähmt haben!

Auch in einer anderen Domäne bringen Jugendliche Spitzenleistungen, und zwar in sozialer Hinsicht. In keiner Lebensphase können soziale Netze rascher aufgebaut werden als in der Jugendzeit. Von noch bis vor Kurzem »wild« lebenden Jäger- und Sammlergruppen ist bekannt, dass es vor allem die Jugendlichen sind, die die Außenbeziehungen zu befreundeten Clan-Gruppen unterhalten – das Facebook der Geschichte. Noch heute ist das Beziehungsnetz der meisten Erwachsenen ja von Kontakten geprägt, die sie als Heranwachsende geknüpft haben.

Und dann ist da diese ungeheure Offenheit für Neues, diese enorme Begeisterungsfähigkeit, dieses zügellose Streben nach Glück, dieses Lockprogramm, das Jugendliche in neue Welten zieht. Wenn es das nicht gäbe, dann säßen wir womöglich noch immer in Erdlöchern, hörten keinen Mozart, keinen Schubert, keine Rockmusik – alle unsere Götter hatten ja noch Flaum um den Mund!

Hier also liegt die Tragik dieses ganz speziellen Menschenvölkchens, den Jugendlichen. Ihr Gehirn hat im Bereich der assoziativen Leistungen sein höchstes Leistungsniveau erreicht, auch ihr Immunsystem ist auf dem Gipfel angelangt. Nie wieder im Leben heilen Verletzungen so schnell aus, nie wieder auch wird die Belastbarkeit größer sein – Hitze, Hunger und Kälte werden von Jugendlichen besser ertragen als von Erwachsenen. Dieses Völkchen ist bereit. Es scharrt mit den Hufen ...

... und bekommt dann in unseren Breitengraden nicht etwa die Aufgabe, das Feuer des Stammes zu hüten, sondern – brav den Erwachsenen zuzuhören. Tatsächlich geht heute das Leben vieler Jugendlicher genauso weiter wie im Kindergarten und in der

Grundschule. Wo sie sich längst über die Kindheit hinaus entwickelt haben, weisen wir ihnen noch immer die Aufgaben von Kindern zu. Sie sitzen im Warteraum des Lebens und langweilen sich. Dass so viele Jugendliche debilisiert durch Einkaufspassagen rennen oder sich auf Parkplätzen die Beine ins Becken stehen, hat jedenfalls nichts mit ihrer eigentlichen evolutionären Berufung zu tun – es ist vielmehr Ausdruck einer maßlosen organisierten Unterforderung! Ausdruck eines den Jugendlichen aufgezwungenen Lebens, das nicht ihrem Entwicklungsstand und nicht ihren Fähigkeiten entspricht.

Kein Wunder, dass das angeblich im Hirn der Jugendlichen verankerte Problemverhalten in anderen Gesellschaften gar nicht thematisiert wird. Wo Eltern hierzulande bei den ersten Pickeln den Schwefelgeruch des Fegefeuers zu riechen glauben, werden in anderen Gesellschaften freudige Initiationsfeste veranstaltet. Für ein und dasselbe Völkchen.

Mythos Selbstständigkeit

Eine beliebte Annahme unter Eltern lautet: Sie könnten ihre Kinder rasch auf den Weg zur Selbstständigkeit bringen, indem sie ihnen schon von klein auf beibringen, ihre Angelegenheiten selbst zu regeln. Selbst in den Schlaf finden, sich selbst trösten, wenn sie weinen, früh schon im eigenen Zimmer schlafen – all das sei sozusagen pädagogisch wertvoll. Die Hoffnung dahinter: Indem die Kleinen wie Größere behandelt werden, werden sie vielleicht tatsächlich schneller groß!

Und wie gut passte diese Hoffnung in die auf Individualismus und Unabhängigkeit gerichtete Philosophie der Nachkriegsära. Nur leider – passt sie nicht ins evolutionäre Programm der Kinder. Wie wir gesehen haben, ist da die frühe Entwöhnung von elterlicher Zuwendung nicht vorgesehen, im Gegenteil: Die Kleinen wurden in ihrem ursprünglichen Kontext ja viel intensiver und viel länger im Nahbereich der Erwachsenen umsorgt, gestillt, getragen ...

Wenn sich Selbstständigkeit allerdings nicht durch die frühe Verknappung elterlicher Nähe einstellt, wie dann? Das Leben war ja auch in der Vergangenheit kein Wunschkonzert und zeitiges Auf-eigenen-Füßen-Stehen dringend gefragt.

Beobachtungen an Stammesgemeinschaften, die den Lebensstil der Jäger und Sammler bis heute beibehalten haben, unterstreichen das Paradox: Während sich hierzulande noch herzzerreißende Trennungsszenen an den Toren der Kindergärten abspielen, sind die Kleinen dort schon mit Pfeil und Bogen im Wald unterwegs – ohne Aufsicht der Eltern. Mädchen und Jungen in Jäger- und Sammlergesellschaften verbringen mit drei bis vier Jahren mehr als die Hälfte des Tages mit anderen Kindern, fern von ihren Müttern. Auch bei einem direkten Vergleich zwischen den Kindern der Kung aus der Kalahari und Londoner Kindern zeigte sich, dass die Kinder der Kung (die noch mit drei Jahren ihrer Mutter am Busen hingen) mit fünf Jahren sozial kompetenter und unabhängiger waren.

Wie schaffen die Kinder das nur? Sie schaffen es durch ihren eingebauten »Sozialentwicklungsmotor«. Denn tatsächlich haben Kinder (und selbst schon Babys) ja nicht nur ein »Näheprogramm«, das sie an der Brust oder dem Schoß der Mutter festklebt. Sie haben auch eine Art Gegenprogramm – einen »Erforschungsdrang«, von Psychologen auch Selbstwirksamkeitstrieb genannt. Dieses Programm treibt kleine Kinder von innen heraus dazu, die Welt zu erkunden, zu begreifen und in sie einzugreifen. Ein Kind, das diesen Trieb ausleben darf, erlebt sich als eigene, »bewegende« Person – nicht nur als Anhängsel seiner Eltern. Die Selbstwirksamkeit ist damit die Vorstufe des Selbstbewusstseins.[6]

Damit geht die Reise in die Selbstständigkeit aber erst richtig los. Denn aus evolutionärer Sicht steht ja mit etwa drei Jahren der

»große Sprung« an, also die relativ tief greifende Loslösung aus dem unmittelbaren Schutz-, Nähr- und Nahbereich der Mutter. Jetzt wurden die Kinder in den »sozialen Quirl« des Stammes eingesogen und fanden vor allem in der gemischtaltrigen Kindergruppe ihr neues Habitat. In diesem neuen Umfeld musste das jetzt im wahrsten Sinn des Wortes entwöhnte Kleinkind einen von Grund auf neuen Lebensstil erlernen – einen sozialen Lebensstil. Da lernte es sich nach den Größeren zu strecken, da lernte es auch, sich auf Kleinere einzustellen. Da wurde es sozial kompetent.

Selbstständigkeit – ein »sozialer« Weg

Aus evolutionärer Sicht suchen wir den Schlüssel zur Selbstständigkeit deshalb vergeblich in der Wiege. Selbstständigkeit kann einem Kind nicht durch den frühen Entzug von Nähe eingeimpft werden. Das passt auch zu den Einschätzungen der modernen Entwicklungspsychologie: Kinder können erst lernen, sich auf sich selbst zu verlassen, wenn ihr Selbst sich gebildet hat – ein Prozess, der in der zweiten Hälfte des zweiten Lebensjahres erst beginnt.

Echte Selbstständigkeit ist also das Resultat einer sozialen Dynamik – sie wird nicht von außen gemacht und sie entsteht auch nicht, indem Kinder durch Erwachsene begrenzt, beschnitten und gesteuert werden. Sie entsteht, indem sich Kinder als soziale Wesen – vor allem unter ihresgleichen – entfalten können.

Und damit schließt sich der Kreis. Aus evolutionärer Sicht bekamen Kinder viel Nähe – mehr, als wir ihnen heute oft geben wollen oder auch geben können. Aber sie bekamen eben auch Gelegenheit zur Selbstwirksamkeit und zur sozialen Entfaltung – und auch da: viel davon! Sie erlebten nicht nur die Nähe zu den versorgenden Erwachsenen, sondern auch die, ja, »Nähe« zu anderen Kindern, die ihren eigenen Kopf, ihre eigenen Vorstellungen, Ziele und Forderungen in den Ring werfen. Da musste sich ein Kind zurechtfinden, da entwickelte es sein soziales Geschick. Da lernte es die »Grenzen« kennen – Grenzen, wie sie das Leben der anderen schreibt, nicht irgendein pädagogischer Ratgeber. Vielleicht sind wir auch einem falschen Bild aufgesessen. Bedeutet Selbstständigkeit in der menschlichen Entwicklung wirklich, dass wir uns nur auf uns selbst verlassen oder gar »unabhängig« von anderen werden? Ganz sicher nicht. Unabhängigkeit ist möglicherweise ein Entwicklungsziel für einen Bergpuma, nicht aber für ein hypersoziales Wesen wie den Homo sapiens, der immer auf Gedeih und Verderb darauf angewiesen war, die Ressourcen der Gruppe nutzen zu können. Selbstständigkeit heißt beim Menschen nicht »my way on the highway«, sie beruht vielmehr auf einem kompetenten Umgang mit anderen Menschen. Sie besteht darin, sich einklinken zu können – nicht sich auszuklinken. Auch der Weg zur Selbstständigkeit führt beim Menschen über die anderen.

Ein Wort zum Egoismus

Damit bietet sich hier eine gute Gelegenheit, um auf ein Vorurteil zu sprechen zu kommen, das sich in der Diskussion um die Evolution hartnäckig hält: Wir seien »von Natur aus« egoistisch, die Evolution laufe auf Selbstsucht nach dem Motto »Jeder gegen jeden« oder gar auf das »Recht des Stärkeren« hinaus. Das ist aus evolutionstheoretischen Gründen ein grobes Foul. Denn genauso wie Konkurrenz ist auch die Kooperation eine evolutionär angelegte Lebensstrategie. Tatsächlich sind in der Natur beide Modelle erfolgreich. Welches Modell bevorzugt wird, hängt vom Lebensmodell der jeweiligen Art ab.

Das angestammte Lebensmodell des *Menschen* heißt eindeutig: gemeinsam stark sein. Das Leben des Menschen bis zu seiner Sesshaftigkeit vor etwa 6.000 bis 10.000 Jahren war nun einmal nur als gut aufeinander eingespielte Gruppe zu schaffen. In diesem

Netz schwamm oder sank das Individuum. Ein Überleben war nur in Kooperation mit den anderen möglich. Nur wenn die Gruppe funktionierte, hatte der Einzelne eine Chance.

Das heißt nicht, dass Menschen Engel sind, sie profitieren unter bestimmten Bedingungen durchaus auch von Konkurrenz, diese musste jedoch immer auch sozial eingebunden sein. Aber von einem angeblich naturbedingten Egoismus als Grundmodell beim Homo sapiens zu sprechen, ist schlichtweg unzulässig. Ja, das Maß an Egoismus, das wir uns heute leisten, hätten Menschen in ihrer Stammesgeschichte gar nicht überlebt. Und ob wir das heute tun, ist noch keine ausgemachte Sache.

Diktatur der Evolution?

Bleiben wir bei der Evolution. Nutzen wir diese Perspektive, um auch hier und heute klarer zu sehen. Blättern wir einmal den Katalog durch, wie ihn heutige Eltern zur Wahl der »Erstausstattung« geliefert bekommen, wie sie angeblich bei der Geburt eines Babys dringend angeschafft gehört. Da fallen zwei Lügen auf.

Erstens: Die dort abgebildeten Models haben gar keine Kinder! Auf ihren Kleidern ist kein Fleck zu sehen, sie sind perfekt ausgeschlafen und sie kommen nicht vom Einkaufen, sondern von der Zahnreinigung.

Und die zweite Lüge: Was da vorgestellt wird, ist gar nicht die »Grundausstattung« für ein Baby! Aus evolutionärer Sicht müssten Babys ja auch *ohne* Kinderbett, *ohne* einen schönen Kinderwagen und *ohne* ein buntes Mobile auf dem Wickeltisch sehr wohl zurechtkommen!

Heißt das, dass wir jetzt auf Natur machen müssen, damit es unseren Kindern gut geht? Dass wir die Kinderbettchen besser abschaffen, die Kinderwagen und die Gläschen sowieso? Dass wir uns dafür entschuldigen müssen, wenn wir Wägelchen schieben, Bettchen kaufen oder gar das Fläschchen geben? Gemach. Die Evolution hat uns viel zu sagen. Aber nichts vorzuschreiben. Gar nichts. Wir lesen heute mit großem Gewinn Bücher – das Schreiben und das Lesen mussten wir aber zuerst »erfinden«. Und so ist es auch mit unseren Kindern. Die Evolution hat sie fit gemacht, fit allerdings für ein Leben, das wir längst verlassen haben (und das aus gutem Grund – die wenigsten von uns zieht es ja wirklich zurück, mich jedenfalls nicht). Tatsächlich haben wir Menschen auf der Suche nach einem »besseren« Leben unsere ursprünglichen Lebensbedingungen ja immer schneller umgestaltet – so schnell irgendwann, dass unsere Gene nicht mehr Schritt halten konnten. Und so stehen wir heute, mitten im Atomzeitalter, mit einem Dilemma da: Die Umwelt, die wir uns geschaffen haben, ist blitzmodern – aber da drinnen haben wir noch eine altertümliche, ja zum großen Teil vorsintflutliche genetische Ausrüstung. Wir haben moderne Ideen im Kopf, aber recht antiquierte Gefühle im Bauch.

Welche Probleme das schafft, sehen wir ganz akut, wenn wir Kinder bekommen: Sie beharren zunächst einmal auf ihren Bauchgefühlen und konfrontieren uns mit diesen »alten« Ansprüchen.

Die Evolution kann dieses Dilemma nicht lösen. Denn dieser Widerspruch ist in ihrem Servicepaket mit drin. Es liegt nun einmal in unserer menschlichen Natur, dass wir uns wandeln und unser Leben immer wieder neu gestalten!

Und deshalb kann uns die Evolution auch nicht diktieren, wie wir, bitteschön und mitten in unserem immer wieder neuen Leben mit unseren Kleinen umgehen haben. Sollen wir es so machen, wie die Neuankömmlinge es erwarten? Oder sollen wir alteingesessenen Großen uns mit unseren modernen (und vielleicht praktischeren) Vorstellungen durchsetzen?

Ich kenne dazu auch nicht die einzig richtige Antwort. Aber ich kann zumindest auf eine beruhigende Beobachtung verweisen: Kinder können auch gedeihen, wenn wir sie anders aufziehen als früher. Wir können und dürfen neue Wege gehen.

Aber *wie anders* dürfen die sein? Wie weit dürfen wir uns von den Zügeln der Vergangenheit lösen? Wir scheinen da an der Frage nach dem passenden Kompromiss nicht vorbeizukommen. Sie ist in *jedem* Bereich der kindlichen Entwicklung akut.

Manchmal fällt die Antwort leicht, etwa bei der Frage nach den Süßigkeiten: Natürlich wurde den Kindern ihr »süßer Zahn« von der Evolution eingepflanzt – er sorgte dafür, dass die Kleinen die für ihre Ernährung wertvollen reifen Beeren aßen und die unreifen stehen ließen. Nur, ihr Sinn für Süßes, der sie früher zu den leckeren reifen Heidelbeeren gezogen hat, lockt sie heute zu all dem Sondermüll auf den Regalen im Supermarkt! Hier ist guter Rat so teuer nicht: Ein bisschen Naschen ist okay, aber dem süßen Zahn freie Bahn zu geben, wäre nicht ratsam. Nach allem, was wir wissen, sind die Kosten dieses Kompromisses auf beiden Seiten akzeptabel: Noch kein Kind hat einen psychischen Schaden bekommen oder ist für sein Leben verunsichert worden, wenn es nicht immer Bonbons bekam.

In anderen Bereichen ist die Suche nach dem »richtigen« Kompromiss schon schwerer. Beim Stillen etwa. Gestillt zu werden ist für ein Baby (egal welchen Baujahres) ein Plus für seine Gesundheit und für seine Entwicklung. Wenn das Stillen nicht klappt, ist das zwar nicht gleich eine Katastrophe, die Entwicklung der Kleinen läuft ja in der Regel trotzdem günstig. Aber mögliche »Kosten« sind bekannt und nicht zu leugnen.[7]

Schlafen: die härteste Nuss

Besonders schwer ist der Kompromiss jedoch beim Schlafen zu finden. Sollen wir den Kleinen nachgeben, die gerade beim Einschlafen auf unsere Nähe pochen? Die »Kosten« für die Eltern sind bekannt und gut messbar (der Verzicht auf den abendlichen

Theaterbesuch etwa). Oder sollen wir sie rasch daran gewöhnen, ohne uns klarzukommen? Die »Kosten« dieser Lösung sind nicht ganz so leicht abzuschätzen.

Was wir wissen, ist Folgendes: Die Nachteile, beim Schlafen alleingelassen zu werden, scheinen von der Evolution sehr hoch veranschlagt worden zu sein – sie hat jedenfalls Widerstand auf allen Kanälen einprogrammiert (verständlich, denn die Kosten des Alleingelassenwerdens reichten ja bis hin zum evolutionären Super-GAU schlechthin, dem Tod per Kralle). Ein Baby, das alleine gelassen wird, fühlt sich deshalb bedroht – und das mit Leib und Seele. Auch heute noch.

Hier eine stimmige Lösung zu finden ist nicht leicht. Die einen nehmen den Nachwuchs einfach mit ins Leben rein – eine Party ist nicht deshalb langweiliger, weil ein paar Babys mit dabei sind, jedes Treffen einer italienischen Großfamilie wäre sonst ein Fiasko. Die anderen legen sich zum Kind ins Bett und lesen ein Buch. Wieder andere bestehen auf getrennten Zimmern.

Egal, welchen Weg wir wählen, wir sollten ihn nicht auch noch mit grundlosen Ängsten und Mythen pflastern:

ERSTENS. Selbstständig einschlafen ist kein Meilenstein der Entwicklung, als der es manchmal aufgebaut wird. Babys, die nicht selbstständig einschlafen, sind in ihrer Entwicklung nicht weniger weit als solche, die das können. Das gilt auch für das Durchschlafen – dass gestillte Kinder von abends bis morgens ohne Unterbrechung schlafen, ist ein Traum schlafentwöhnter Eltern, aber trotzdem die Ausnahme. Der Schlaf der Kleinen eignet sich deshalb auch nicht wirklich zum Protzen (»Mein Kind schläft jetzt übrigens durch!«) – zumal dann meist vergessen wird zu vermelden, wenn das Baby halt doch wieder nachts aufwacht.

ZWEITENS. Dass es für die Entwicklung von »Selbstständigkeit« wichtig sei, im eigenen Bett zu schlafen, ist, wie wir schon gesehen haben, nicht plausibel. Wie bitteschön sind dann die Kinder in der menschlichen Geschichte selbstständig geworden, in der sie nahe bei ihren schützenden Erwachsenen schlafen mussten, allein schon deshalb, weil sie sonst nicht überlebt hätten?

DRITTENS. Nicht jede Methode, die einem Kind das selbstständige Einschlafen »lehrt«, ist akzeptabel. Manche der Trainingsprogramme sind mittelalterlichen Teufelsaustreibungen nicht unähnlich und haben mögliche Spätfolgen. Selbst der Erfinder der am weitesten verbreiteten Methode, der US-amerikanische Schlafforscher Richard Ferber (seine Methode wurde in dem Buch *Jedes Kind kann schlafen lernen* popularisiert), nimmt inzwischen Abstand von vielen seiner früheren, rigiden Empfehlungen. Es dürfte für Babys auch wirklich schwer zu verstehen sein, dass die tagsüber mit viel Kuscheln und Trösten gefeierte Liebesbeziehung um 19 Uhr 30 abrupt endet.

VIERTENS. Um die Frage, ob ein Stillkind bei seiner Mutter im Bett schlafen »darf«, ist eine emotionale Debatte entbrannt, in der es nur vordergründig um die Sicherheit der Kinder geht. Fakt ist: Babys im Elternbett schlafen zu lassen ist nicht jederfraus Sache, aber die, die es gerne tun, sollten sich keine Denkvorschriften machen lassen. Solange die an jedem Kiosk ausliegenden Regeln für einen sicheren Säuglingsschlaf beachtet werden, ist das gemeinsame Schlafen kein Sicherheitsrisiko.[8]

FÜNFTENS. Die Sorge vor feindlicher Übernahme des Elternbetts ist maßlos übertrieben. Kein Erwachsener verspürt die Lust, bei seinen Eltern zu schlafen, egal ob er als kleines Kind in deren Bett geschlafen hat oder nicht, und auch unsere Kinder können den Übergang ins eigene Bett schaffen.

Niemand ist schuld

Und damit sind wir bei einer Frage, um die wir uns nicht drücken dürfen: Wer ist schuld, dass es mit den Kleinen so schwierig ist? Wer macht da etwas falsch? Es scheint mir, dass wir uns vorschnell auf die immer gleichen Kandidaten geeinigt haben: die Kinder. Sie wurden am Tisch festgebunden, weil sie ihren Spinat nicht essen wollten, sie wurden dafür haftbar gemacht, wenn es auf dem Töpfchen nicht gleich pullerte, und sie werden jetzt als »gestört« bezeichnet, weil sie nicht alleine einschlafen wollen.

Mancherorts hat sich in den letzten Jahren ein zweiter Kandidatenstamm dazu gesellt: die Eltern. Sie setzen nicht genug Grenzen, weil sie zu konfliktscheu sind, oder greifen aus Faulheit nicht durch.

Das Beispiel des Schlafes fordert uns zu einer anderen Antwort heraus: Niemand ist schuld! Wir stecken schlicht und einfach in einem Dilemma: Unsere Kinder haben Recht – und wir Eltern auch. Denn was die Kinder da von uns fordern, passt gut in eine Welt, die längst untergegangen ist – sie könnten heute ja *wirklich* allein einschlafen und morgens wären noch alle Zehen und Fingerchen dran! Aber es passt schlecht in die Welt, in der wir Großen uns eingerichtet haben – wir wollen abends auch mal in Ruhe »Tatort« gucken können.

Der Blick auf die Evolution kann dieses Dilemma nicht auflösen. Aber er kann uns helfen, unsere Kinder besser zu verstehen. Dann müssen wir ihnen zumindest keine falschen Vorwürfe mehr an den Kopf werfen. Und dann fällt es vielleicht auch leichter, uns auf die kleinen Steinzeitkinder einzulassen.

Aber wie das bei einem Dilemma eben so ist: Den passenden Ausweg muss jede Familie selbst finden – schließlich tragen ja auch wir selbst die Verantwortung. Nicht die Evolution, nicht der Kinderarzt, nicht die Ratgeber und auch nicht die Experten.

3
DIE FREIHEIT DER KINDER – UND
DER ANGRIFF AUF DIE KINDHEIT

»Haltungseinrichtungen müssen eine Fläche von mindestens 2,5
Quadratmetern aufweisen, auf der die Legehennen sich ihrer Art
und ihren Bedürfnissen entsprechend angemessen bewegen können. Sie müssen so ausgestattet sein, dass alle Legehennen art-
gemäß fressen, trinken, ruhen, staubbaden sowie ein Nest auf-
suchen können.«

Soweit § 13 der Haltungsverordnung für Legehennen.

Es erscheint mir dringend geboten, dass wir die Frage nach der
artgerechten Umwelt auch für die andere Seite der Gitterstäbe

stellen: Welche Umwelt brauchen Kinder, um ihre menschlichen Potenziale zu entfalten?

Wir müssen diese Frage stellen, um die vierte Riesenangst anzupacken, die heutige Eltern quält: die Angst, dass wir unseren Nachwuchs zu wenig fördern. Nehmen wir »die Mutter des Erfolgs«, Amy Chua. Das Rezept, mit dem sie Kindern »das Siegen« beibringen will, beinhaltet eine radikale Neudefinition der Kindheit. Statt Spielen (angeblich Zeitverschwendung) ist Üben angesetzt – unter Aufsicht der Eltern. Andere Kinder gelten da als Störenfriede. Bei Freundinnen übernachten oder Kinderpartys besuchen ist tabu, selbst das Theaterspielen in der Schul-AG gilt als suspekt. Überhaupt: Freiheit ist für Kinder gefährlich, sie könnten dadurch das wichtigste Ziel der Kindheit vergessen, nämlich: sich die ersten Plätze zu sichern.

Es ist leicht, das alles als Extremismus oder als Privatmeinung einer offenbar gequälten Seele abzutun. Aber warum verkauft sich eine extreme Privatmeinung auf einmal millionenfach? Ganz klar. Hinter dem Erfolg solcher Titel steht ein gesellschaftlicher Trend, und er bedeutet den Frontalangriff auf die Kindheit, wie wir sie bisher kennen. Es ist der Trend, unsere Kinder als kleine Kampfmaschinen im globalisierten Wettbewerb zu sehen.

Die Hoffnung wird scheitern. Und zwar an unseren Kindern. Sie wird scheitern, weil unsere Kinder ohne Freiheit, ohne eine eigene Kindheit, ihr angestammtes Potenzial nicht entfalten können.

Von Purzelbäumen

Ein Drittel der Kinder im Kindergarten kann heute keinen Purzelbaum mehr schlagen. Der Grund: Es fehlt ihnen an Gelegenheiten, Purzelbäume zu erlernen. Nach einer britischen Studie ist der ~~~inder zum Spielen im Freien nutzen können, seit den ~~~en um 90% zurückgegangen. In einer Untersuchung aus Deutschland spielten noch 1990 fast drei Viertel der deutschen Kinder zwischen sechs und 13 Jahren täglich im Freien, 2003 waren es weniger als die Hälfte. Und dann wird über die Ungeschicklichkeit der heutigen Kinder hergezogen oder ihr Übergewicht beklagt!

Noch deutlicher wird der Trend, wenn man weiter zurück in die Geschichte schaut. Von Kriegs- und den Umbruchzeiten der industriellen Revolution einmal abgesehen war der normale Lebensraum der Kinder die Welt dort draußen. Nicht rauszukönnen wurde als Strafe empfunden.

Heute stellt sich immer öfter die Frage nach dem Wohin. Lässt man den Zeitraffer laufen, so wurden den Kindern zuerst die Wälder genommen, danach die Wiesen, die Hinterhöfe, die Brachflächen, dann die Straßen, Gassen und Gärten. Und schließlich noch die Zeit selbst: Nach Erhebungen des Soziologen John Sandberg hat sich die Freizeit US-amerikanischer Kinder zwischen 1981 und 1997 um ein Viertel verringert. Und die gelten gegenüber den Kindern in Shanghai noch als wilde Kerle. Michael Ende hat in Momo kein Märchen erzählt: Da gibt es jemand, der den Kindern die Zeit stiehlt!

Was ist aus den Kinderbanden geworden?

1964 wurden in Deutschland noch 1.357.304 Kinder geboren (eines davon war meine Frau Dorothea, hallo, schön dass es dich gibt!). Heute sind es weniger als die Hälfte. Und jedes Jahr nimmt die Zahl um weitere 17.000 ab. Damit verschieben sich auch Gewichte. Einem Kind stehen heute rein rechnerisch dreimal mehr Erwachsene gegenüber als noch in den 1970er-Jahren.

Kein Wunder, dass Kinder heute deutlich seltener in »informellen Gelegenheitsgruppen« anzutreffen sind – also sich in der Freizeit ungeplant zum Spielen treffen. Es fehlt den Gelegenheitsgruppen aber nicht nur an potenziellen Mitgliedern, sondern auch an Gelegenheiten. Viele der verbliebenen Kandidaten sitzen nämlich gerade im Auto, auf dem Weg zum nächsten Termin.

Tatsächlich ist die straffere Führung der Kindheit durch wohlmeinende Erwachsene ein wichtiger Grund für das Aussterben der Kinderbanden. Die Kindheit wird neuerdings als »zu wertvoll angesehen, als dass sie den Kindern überlassen werden kann.« Große Chancen, einen Purzelbaum zu erlernen, bestehen damit allenfalls noch im Ballettunterricht – oder aber in der Physiotherapie.

Natürlich ist auch Angst im Spiel. Die wenigsten Erwachsenen würden heute ihren Kindern die Abenteuer erlauben, an denen sie sich selbst als Kinder so sehr erfreut haben (und von denen sie trotzdem ihren Kindern mit glänzenden Augen erzählen). Ja, man wünscht sich, dass die Kinder geschickt und sportlich sind – aber müssen sie dazu ausgerechnet auf Bäume klettern? Oder gar das tun, was wir früher gemacht haben?

Also drinnen bleiben. Und warum eigentlich nicht? Gameboy, Playstation, Xbox und Internet bieten alles, was ein kindliches (zumal ein männliches) Gehirn zum Jubeln bringt: Action, die Illusion von Macht und Wirksamkeit, Belohnungen durch kurzfristige Gewinne, Fantasiewelten, Rückzugsräume, ja, sogar virtuelle »Freunde« und Kameradschaft – das Abenteuer ist einfach umgezogen. Für immer mehr Kinder und Jugendliche sind die brenzligen Gefühle des Unerlaubten, Unerwarteten und Unberechenbaren heute nur noch im Internet erreichbar. Und anders, als wir gerne glauben wollen, ist die virtuelle Spielwelt hinter dem Bildschirm keinesfalls langweiliger als die echte Welt draußen vor der heruntergelassenen Jalousie – wer das behauptet, hat entweder keinen männlichen Sprössling zu Hause oder keinen Computer. Unsere Kinder und Jugendlichen sind wirklich auf den Stühlen festgeklebt.

Schichtenbildung

Mit dem Schwinden der Bolzplatz-Banden haben Kinder aber mehr verloren als nur die von Erwachsenen weitgehend unbeaufsichtigten Erfahrungsräume. Sie haben auch ihre älteren (und jüngeren) Mitstreiter verloren. Kinder lernen und spielen heute fast nur noch mit mehr oder weniger gleichaltrigen Kindern. Das ist ein Novum in der Geschichte. Bis zu seiner Sesshaftigkeit lebte der Mensch in relativ kleinen, hochmobilen Gruppen. Allzu wählerisch konnten Kinder da nicht sein, wenn sie sich zum Spielen zusammentaten. Für Evolutionsbiologen ist die gemischtaltrige Kindergruppe deshalb ein charakteristisches Merkmal der menschlichen Stammesgeschichte. Nach einer sehr eng auf erwachsene Bindungspersonen bezogenen frühen Kindheit war die gemischte Kindergruppe der soziale Erfahrungsraum der späteren Kindheit. Auch heute spielen die Kinder in den traditionellen Gesellschaften rund um die Erde gemischtaltrig.

Die Vorteile der Altersmischung

Viele Eltern sehen ältere Kinder vor allem als Krawallmacher und Spielzeugwegnehmer. Die Entwicklungspsychologie hält mit einer ganzen Batterie von Forschungsergebnissen dagegen. Danach regen sich Kinder in gemischtaltrigen Gruppen eher gegenseitig dazu an, sich körperlich, geistig und emotional zu »strecken«. Kinder in gemischtaltrigen Gruppen spielen ausdauernder, und sie spielen kreativer – ihr Spiel ist für die Entwicklung ergiebiger als wenn sie »geschichtet« spielen.

Geben wir einmal zwei Kindern einen Ball. Zwei Vierjährige halten da nicht lange durch. Der eine wirft krumm, der andere fängt schlecht – die beiden stoßen rasch an ihre Entwicklungsgrenzen. Bei einem Vierjährigen und einem Siebenjährigen sieht das schon anders aus. Da entsteht ein beidseitiger Gewinn – für das ältere Kind sind die ungeschickt zugeworfenen Bälle eine Herausforderung und es kann seinerseits dem Jüngeren den Ball so zuwerfen, dass der ihn auch fangen kann.

Das Beispiel der Bälle gilt sogar für den schulischen Bereich. So lernen Kinder in altersgemischten Klassen bis zu 40% des Stoffes voneinander – nicht vom Lehrer! Auch in sozialer Hinsicht bauen sich Kinder in gemischtaltrigen Gruppen eher »Entwicklungsbrücken«. Denn in einer altersgemischten Kindergruppe durchläuft ein Kind ganz automatisch eine Vielzahl sozialer Stationen. Es mag zunächst das Kleinste und Schwächste sein, irgendwann aber gehört es zu den Größeren, Stärkeren und Klügeren. Wer heute nur zuhört, dem wird morgen zugehört. Diese Flexibilität im Geben und Nehmen tut den Kindern gut – man denke nur an die herzerfrischende Bewunderung, die jüngere den älteren Kindern so großzügig zeigen! Jedem Kind wäre zu wünschen, dass es solchen Aufwind bei seiner Entwicklung nutzen kann.

Und da geht es nicht nur um das Selbstbewusstsein. Es geht auch um das Erlernen unterschiedlicher sozialer Rollen. Denn unter Gleichaltrigen steht eines oft im Vordergrund: sich durchzusetzen und zu behaupten. In gemischtaltrigen Gruppen dagegen können Kinder auch ihre »soziale Seite«, Zuwendung und Empathie einüben. Die Kinder sind füreinander ja nicht nur Konkurrenten, sondern auch, in wechselnden Rollen, Beschützer, Vorbilder und Helfer.

In einer gleichaltrigen Kindergruppe dagegen macht ein Kind eher eintönige soziale Erfahrungen – jedes Kind kauert sozusagen in seiner Nische und wird auch von den anderen in der immer gleichen Rolle wahrgenommen. Da werden Hierarchien und Selbstbilder nur allzu leicht zementiert – oft ist über viele Jahre klar, wer etwas zu sagen hat und wer nicht (diese Festlegung wirkt häufig gar bis weit in das Erwachsenenleben hinein). Wo[...] Wind kommen, der etwa ein schüchternes Kind [...]e Kinder, so fasst es die Entwicklungspsycholo[...]s zusammen, »haben keine Gelegenheit, die [...]skala [des sozialen Lebens] zu durchlaufen. Zu

Hause bleiben sie das Älteste oder Jüngste unter den Geschwistern; in der Schule bleiben sie, wenn sie Glück haben, jahrelang an der Spitze der sozialen Rangordnung, wenn sie Pech haben, ganz unten«.

Verändertes Drehbuch der Sozialentwicklung

Fassen wir den Trend zusammen.

ERSTENS. Informelle, zumal gemischtaltrige Kindergruppen sind auf dem Rückzug. Wenn Kinder heute zusammenkommen, dann meist in Gruppen Gleichaltriger und mit einem von außen vorgegebenen Ziel. Und dieses heißt immer seltener einfach »spielen«, sondern: Lernen, Bildung, Förderung ...

ZWEITENS. Die Erwachsenen sind auf dem Vormarsch. Unbeaufsichtigte Spielräume für Kinder sind selten geworden (sie sind zu einem großen Teil ins Internet umgezogen). Für die reale Welt aber gilt: Wo immer Kinder sind, sind Erwachsene schon da – mit Regeln, Zielen, Anleitung, pädagogischen Programmen, Bewertungen, Aufmunterung und Belohnungen. Und mit guten Ideen: Die Sternstunden der Kindheit buchen sie jetzt in einem Erlebnispark. Und aus dem Kinderspiel haben sie gleich eine eigene Fachrichtung gemacht, die »Spielpädagogik« (deren Motto lautet, ganz ernsthaft: Spielen will gelernt sein!).

DRITTENS. Mit dem Rückzug der selbst organisierten Kindergruppen ist auch die körperliche Gesundheit der Kinder unter Druck geraten. Kinder, die frei spielen dürfen, laufen körperlich auf Hochtouren und sie wachsen dadurch in ihren Körper regelrecht hinein – ein Kapital fürs ganze Leben.

Schauen wir uns die Rolle des Spiels deshalb noch einmal genauer an: Was genau bedeutet *spielen* für die kindliche Entwicklung?

4
SPIEL-DEFIZIT-SYNDROM:
WARUM SPIELEN SO WICHTIG IST

Inzwischen schlägt sogar der weltweit renommierteste Verband von Kinderärzten, die *American Academy of Pediatrics*, Alarm. Der Verband, der sonst eher über Leukämie und Keuchhusten informiert, fühlt sich veranlasst, zur »Rolle des kindlichen Spiels« Position zu beziehen – und wissenschaftlich zu begründen, warum ein Mangel an Spiel die kindliche Entwicklung in ihren Grundfesten bedroht.

Ja, was haben Kinder eigentlich davon, dass sie spielen? Von anderen Tierarten wissen wir, dass sie als Junge spielen *müssen*, um sich adäquat zu entwickeln. Hindert man Rattenjunge am Spielen, so bildet sich ihre Großhirnrinde nicht richtig aus und sie sind lebenslang in ihrem Sozialverhalten gestört. Bei Schimpansen ist das ähnlich, da geben gerade die kompetentesten Mütter ihren Kindern beim Spielen den weitesten Raum – und die an der langen Leine erzogenen Kleinen nehmen später den höchsten Rang ein.

Vieles spricht dafür, dass das Spiel für den Menschen mit seinem komplexen Entwicklungsprogramm mindestens genauso wichtig ist: Keine Tierart gibt mehr Energie für das Spielen aus als der Mensch in seiner Kindheit. Selbst unter widrigsten Umständen, wie etwa in den Fabrikhallen der industriellen Revolution oder gar in den Konzentrationslagern der Nazis, fanden Kinder Anlässe zu spielen.

Nur im Spiel erreichen Kinder ihr höchstes mögliches Leistungsniveau. In einem berühmten Experiment wurde Kindern gesagt, sie sollten so lange still stehen, wie sie nur könnten – im Schnitt schafften sie das gerade zwei Minuten lang. Wenn man ihnen aber sagte, sie seien jetzt Soldaten auf Wache, die strammstehen müssten, dann schafften sie es sieben Minuten! Kinder wachsen im Spiel im wahrsten Sinn des Wortes über sich selbst hinaus.

Tatsächlich verortet die heutige Entwicklungspsychologie Spielen ganz an den Wurzelspitzen der kindlichen Entwicklung. Da lernen Kinder neue Wege gehen! Analysiert man das Kinderspiel genauer, so zeigt sich, wie viele unterschiedliche Strategien schon in einem einzigen Spiel, ja: durchgespielt werden. Kinder nutzen das Spiel also, um sich ein möglichst breites Spektrum an Denkmöglichkeiten zu erschließen. Und damit schaffen sie sich die Grundlage der wohl wichtigsten menschlichen Geisteskraft überhaupt: der Kreativität. Es gibt keinen Unterschied zwischen Spielen und Lernen!

Dies gilt auch für den sozialen Kern des Kinderspiels. Kinder lernen beim selbstständigen Spielen ja auch in unterschiedliche Rollen zu schlüpfen und sich damit selbst zu »erweitern«. Und sie lernen als Gruppe zusammenzuarbeiten, untereinander zu teilen, zu verhandeln, Konflikte zu lösen und für sich selbst einzutreten – alles wichtige Grundlagen von sozialer Kompetenz und Widerstandskraft. Und alles Fertigkeiten, die einem Kind auch vom begnadetsten Pädagogen nicht »beigebracht« werden können.

Was passiert, wenn dieser Entwicklungsmotor ausfällt? Einen Hinweis gibt die Statistik. Nach einer Meldung im Verbandsjournal der niedergelassenen Kinder- und Jugendärzte erhält in Deutschland fast jedes zweite Kind im Lauf seiner Schulzeit eine Therapie: Mehr als jedes vierte Kind zwischen sechs und 18 muss in die Logopädie, fast jedes fünfte in die Ergotherapie, und ebenso viele erhalten Krankengymnastik. Mindestens eines von zehn wird psychotherapeutisch betreut.

Dabei sind gerade diejenigen Kinder in heilpädagogischer Behandlung, die nur selten mit Freunden spielen. Über 10% der Eltern therapieerfahrener Kinder gaben an, dass sich ihr Kind »überhaupt nicht« mit anderen Kindern trifft! Weitere 37% der Kinder spielten maximal eine Stunde täglich mit anderen Kindern.

Wenn wir einen Beweis brauchen, dass die artgerechte Umwelt dringend unter Umweltschutz gestellt gehört, dann sind es diese Zahlen.

Kinder brauchen Kinder

Unser manierliches Bild von den Kindern, denen wir Erwachsene nur unser Wissen aufzutischen brauchen – je früher desto besser –, beruht auf einem Denkfehler. Aus Sicht der Evolution nämlich muss Lernen beim Menschen anders funktionieren als bei der Katze: Lernen ist kein Fluss von oben nach unten, sondern in hohem Maß eine Eigenleistung des Kindes.

Denn Homo sapiens ist kein statisches Lebewesen. In seiner Natur liegt es, die Welt immer wieder neu zu denken, sein Leben zu verbessern – darauf beruht ja die evolutionäre Erfolgsgeschichte unserer Spezies. Deshalb werden Erfindungen gemacht, und deshalb ist die Welt, die Kindern einmal begegnet, nicht mehr dieselbe Welt, in der die Eltern einmal erfolgreich waren. Was es im Leben braucht, lässt sich damit nicht einfach bei Mama und Papa abkupfern. Kinder müssen sich in ihrer Entwicklung vielmehr auch ihren eigenen Reim aufs Leben machen. Sie müssen erfinden, und nicht nur kopieren. Und dazu brauchen sie – ganz dringend – andere Kinder.

Nehmen wir einmal das wohl wichtigste menschliche Lebenswerkzeug überhaupt, die Sprache. Die Sprachforschung geht davon aus, dass nur Kinder neue Sprachen erfolgreich erfinden können. (Das von Erwachsenen erfundene Esperanto war zwar gut gemeint, ist aber nie zu einer wirklich »lebenden« Sprache geworden.) Tatsächlich verdanken die in vielen ethnischen Schmelztiegeln der Welt (wie etwa in der Karibik) gesprochenen Kreol-Sprachen ihre Existenz den Kindern. Diese entwickelten aus den vielen von Sklaven, von spanischen Eroberern und von Eingeborenen abgehorchten Sprachfetzen im gemeinsamen Spiel eine ganz neue Sprache mit eigener Grammatik. Diese Leistung ist Kindern genau deshalb möglich, weil sie eben nicht bei der Nachahmung stehen bleiben, sondern sich ihren eigenen Reim auf das Vorgefundene machen und daraus schöpferisch neue Formen schaffen.

Überhaupt hat sich gezeigt, dass Kinder in ihrem Sprachgebrauch weitaus kreativer sind, als Erwachsene das oft annehmen – ja, dass Kinder untereinander sogar eine anspruchsvollere Sprache benutzen, als wenn sie mit Erwachsenen kommunizieren! Schließlich reden Kinder untereinander ja auch über unsichtbare Dinge, Fantasiegeschöpfe und erfundene Welten, also über Sachen, für die es gar keine fertigen Begriffe gibt und die man deshalb gekonnt umschreiben muss, um sein Gegenüber mit auf die Reise nehmen zu können.

Aber nicht nur, wenn es um grammatikalische Regeln geht – auch beim Erlernen sozialer Regeln, die gerne als Domäne der

»Werteerziehung« durch Erwachsene gesehen werden, brauchen Kinder andere Kinder. In von Erwachsenen organisierten Spielen lernen Kinder nämlich vor allem eines: sich nach den Regeln anderer zu richten. Im Spiel mit Kindern aber lernen sie etwas mindestens genauso Wichtiges. Nämlich selbst Regeln aufzustellen, mit anderen zu verhandeln und durchzusetzen. (Dabei sind Kinder übrigens radikaler als Erwachsene: »Wer sich nicht an die Regeln hält, darf nicht mitspielen«, so lautet das ungeschriebene Gesetz in den Hinterhöfen und auf den Bolzplätzen. Könnte es eine wirksamere Drohung geben als die, vom gemeinsamen Spiel ausgeschlossen zu werden?)

Wie sehr Kinder einander brauchen, um ihr »soziales Gehirn« aufzubauen, zeigt auch die Entwicklung des Einfühlungsvermögens: Je mehr ältere Geschwister und Freunde ein Kind hat, desto früher gelingt es ihm, die Welt aus der Perspektive des anderen zu betrachten und zu verstehen. Das ist schon ein Gebot der eigenen Interessen: »Von seinen Eltern das zu bekommen, was man braucht, ist einfach. Von anderen Kindern zu kriegen, was man gerne mag – das ist es, was einem Kind soziale Fertigkeiten abverlangt«, heißt es treffend in einem Erziehungsratgeber. Auf Augenhöhe scheinen soziale Antennen schneller zu sprießen.

Hier ist nicht der Platz, um alle Facetten der kindlichen Entwicklung zu beleuchten (ich habe für eine solche Gesamtschau mein Buch *Kinder verstehen* geschrieben). Aber eines sollte klar geworden sein: Das Bild, nach dem wir Erwachsenen es sind, die unseren Kindern die Welt erklären und eröffnen, stimmt nicht – Kinder müssen sich die Welt auch *selbst* erklären und selbst öffnen. Denn Kinder lernen viele Dinge von Erwachsenen. Aber sie lernen viele für ihr Leben entscheidende Dinge nur von Kindern.

Auch dass Kinder am besten von Erwachsenen, möglichst sogar von Spezialisten, »gefördert« werden, ist zunächst einmal eine reine Behauptung (an der auch so manche Interessen hängen). Ein ungeschicktes, motorisch wenig entwickeltes Kind wird reflexartig zu einem Erwachsenen in die Physiotherapie geschickt. Warum nicht zu anderen Kindern, etwa in einen Waldkindergarten? Ich wette 100:1, dass das Kind nach ein paar Monaten mit seinem Problem durch ist. – Wer hat es »therapiert«? Die anderen Mädchen und Jungen.

Von den Kohlen im Feuer

Es ist an der Zeit, dass wir unsere traditionelle Auffassung der kindlichen Sozialisation ergänzen. Und zwar um den Beitrag der Kinder.

Tatsächlich ist unser landläufiges Bild von Entwicklung und Erziehung elternlastig. Die Psychologie beschreibt seit geraumer Zeit, wie die Eltern für ihr Kind die Kohlen aus dem Feuer holen (bzw. was passiert, wenn sie das nicht tun). Die bestimmenden psychologischen Theorien des letzten Jahrhunderts – die Psychoanalyse und die Bindungstheorie – drehen sich darum. Aber eine wirklich einschlägige Theorie der *kindlichen* Einflüsse auf die Entwicklung wurde erst in den letzten Jahren formuliert, vor allem von Judith Harris. Selbst in der Bibel hat die Mutter Maria eine recht starke Präsenz, und auch Joseph kommt immerhin ab und zu ins Bild. Aber ist da irgendwo von den Kindern die Rede, mit denen Jesus aufgewachsen ist? Denen er vielleicht Einiges seiner sozialen Kompetenz und inneren Stärke verdankt?

Die Rolle der Eltern soll dabei keinesfalls geschmälert werden. Ein gutes Elternhaus ist wichtig. Und das gute Vorbild der Eltern zählt. Nur: Das ist nicht die ganze Geschichte. Sie ist vielschichtiger, wilder, quirliger. Und kindlicher.

Die evolutionäre Sicht bringt die menschliche Familie zusammen. Ja, Eltern spielen eine wichtige Rolle. Und es ist auch bestimmt ein Plus, wenn Vater und Sohn zusammen Legoburgen ... die besten Eltern können eine gute Kinder-...tzen.

...it den *negativen* Einflüssen der anderen Kinder? ...immer nett zueinander, und an den Sorgen der

Eltern ist schon etwas dran: Von anderen Kindern lernt man Schimpfwörter, von anderen Jugendlichen das Marihuana-Rauchen.

Das stimmt, auch wir Eltern haben unsere unfeinen Wörter (die wir meist noch heute gerne benutzen) von anderen Kindern gelernt. Und tatsächlich finden Kinder ja nicht immer in funktionierenden Gruppen zusammen – Mobbing, Ausgrenzung, auch Gewalt unter Kindern sind keine Erfindungen besorgter Eltern, sie kommen vor. Auch unter Kindern gibt es Psychopathen – leider nicht weniger als unter Erwachsenen. Manche unserer Schrammen stammen vielleicht von anderen Kindern.

Doch die Welt der Kinder den Erwachsenen zu überlassen ist keine Lösung. Denn wir haben von anderen Kindern auch unschätzbar wichtige Dinge gelernt. Dinge, ohne die wir so nie durchs Leben gekommen wären: Zähigkeit, Durchsetzungsvermögen, die Fähigkeit, uns in andere hineinzuversetzen, ihre Absichten und Gefühle zu lesen, zusammenzuarbeiten, für unsere Interessen zu werben, auch einmal einstecken zu können, und vieles, vieles mehr.

Lebenslanger Nachhall

Kinderspiel ist keine kindische Beschäftigung. Wenn jetzt im Namen einer bildungspolitischen Treibhaus-Philosophie zum pädagogischen Großangriff auf die Kindheit geblasen wird, kommt das unsere Kinder teuer zu stehen. Ja, sie sind ungeschickter geworden, sie sind körperlich weniger leistungsfähig, und sie sind zappeliger geworden. Aber wen überrascht das? Im Kinderspiel erwerben Kinder den Schlüssel, um ihren Körper, ihren Geist und ihr soziales Ich zu gebrauchen. Im Kinderspiel wachsen Sinne, Seele und Körper zusammen.

Es kann nicht sein, dass sich Erzieherinnen heute rechtfertigen müssen, wenn sie die Kleinen mal einfach ein paar Stunden »frei«

spielen lassen. Müsste sich nicht jeder Kindergarten rechtfertigen, der seinen Kindern eben das nicht bietet?

Und müsste sich nicht auch rechtfertigen, wer Kindergruppen wie Schulklassen führen will und die Großen fein säuberlich von den Kleinen trennt? Soziale Fähigkeiten und Empathie sind heute, wo die Gesellschaft in Individuen zu zerfallen droht, wichtiger denn je. Aber soziale Kompetenz entwickelt sich nicht im Ethikunterricht und auch nicht durch das Vorlesen noch so vorbildlicher Kinderbuchgeschichten. Sie kann überhaupt nicht »vermittelt« werden. Soziale Kompetenz ist die Frucht einer Graswurzelbewegung. Sie kann dort wachsen, wo Kinder ihr Verhalten auf die Bedürfnisse der anderen beziehen müssen – in funktionierenden Familien und in funktionierenden Kindergruppen.

Wir müssen noch einmal grundsätzlich über die Kindheit nachdenken. Ist sie wirklich nur eine Strecke, auf der sich Kinder für ihren Job warmlaufen? Warum ist sie so schnell von einem Projekt der Kinder zu einem Projekt der Erwachsenen geworden? Warum halten wir es so schlecht aus, wenn unsere Kinder in ihren eigenen Welten leben? Ist das wirklich nur die Angst vor möglichen Gefahren?

Solche Gefahren müssen bedacht werden, natürlich. Das ist unsere Aufgabe als Eltern. Die Kinder heute leben ja nicht in Bullerbü, sondern vielleicht an einer verkehrsreichen Straße. Und wo immer mehr Kinder von Verhaltensproblemen belastet sind, hakt es auch in vielen Kindergruppen. Lass die Kinder nur machen und alles wird gut – das ist deshalb auch nicht mein genereller Rat. Das mag in manchem Umfeld funktionieren (oft übrigens gerade dort, wo die besorgtesten Eltern leben), aber in vielen Nachbarschaften braucht es einen sichernden Rahmen – den Kindergarten etwa oder ein Spielgelände, auf dem eben doch ab und an ein paar Erwachsenenaugen zugegen sind.

Aber ich bleibe dabei: Die wirkliche Gefahr rührt nicht daher, dass Kinder durch andere Kinder zu Schaden kommen. Sie besteht darin, dass Kinder immer mehr von Erwachsenen durch die Kindheit geschubst, gelockt oder gezogen werden. Dass sie diesen eigenen Entwicklungsraum verlieren, der im evolutionären Kontext ihr angestammtes Anrecht war. Jedenfalls, wenn der Trend so weitergeht, erfinden wir noch die elektronische Fußfessel für Kinder – mit Glückskäfern drauf, wenn ich raten darf.

Widerspruch per Pisa-Test

Schön und gut. Aber da sind doch noch andere Probleme. Kinder Kind sein lassen, ja, Kinder voneinander lernen lassen – redet da jemand, der nicht weiß, was Kinder als Erstes machen, wenn die Erwachsenen aus dem Zimmer sind: nämlich ihre Ballerspiele hochfahren und das war's dann für den Tag? Jemand, der diese modernen Honigtöpfe unterschätzt, die die Kinder früher eben nicht kannten, Xbox, Facebook, Youporn? Einer, der vielleicht auch die neuen Pisa-Ergebnisse noch nicht kennt? Kaum ist China das erste Mal mit dabei, und schon liegen die Kinder aus Shanghai an der Spitze! Bringen die chinesischen Kinder sich Mathematik vielleicht auf Bolzplätzen oder beim Spielen am Bächlein bei?

Ich kenne die Pisa-Ergebnisse sehr wohl: Die chinesischen Kinder schreiben mehr Einsen als die deutschen. Und ich weiß gut, dass Kinder sich gegenseitig auch im Ballerspielen bestärken und weitertreiben. Ja, ich bin sogar Amy Chua dafür dankbar, dass sie es so radikal auf den Punkt bringt: Die mit der »chinesischen« Erziehung erzogenen Kinder (wenig Spielen, viel Drill) räumen die ersten Preise ab, während die »westlich« erzogenen Kinder (viel Spielen, wenig Drill) vor dem Bildschirm oder bei McDonald's vergammeln. Die »chinesisch« erzogenen Kinder schaffen es auf die Bühnen der Konzertsäle, ihre »westlich« erzogenen Freunde dagegen schaffen es nicht viel weiter als zu den Verkaufsmeilen am Stadtrand. Also: Brauchen wir nicht – gerade heute – mehr Einsatz der Eltern, mehr Lenkung, mehr Überwachung, mehr Aufsicht in den Kinderwelten? Also: Brauchen die Kinder mehr Freiheit – oder brauchen sie mehr Grenzen? Eine entscheidende Frage. Damit die Antwort nicht bei den üblichen Klischees hängenbleibt, müssen wir noch über ein weiteres Phänomen reden, nämlich das Immunsystem der kindlichen Entwicklung.

5
DAS IMMUNSYSTEM DER ENTWICKLUNG: WIE RESILIENZ ENTSTEHT

Betrachten wir die kindliche Entwicklung einmal aus der Vogelschau. Sie ist im Grunde ein Balanceakt. Da sind auf der einen Seite die Belastungen, denen Kinder ausgesetzt sind – auch wenn wir sie ihnen gerne ersparen würden: Krankheiten, zerbrochene Freundschaften, Kränkungen, Trennungen, Niederlagen, Gewissensnöte, Ängste. Vielleicht auch ungünstige Ereignisse im Elternhaus wie Scheidung, Arbeitslosigkeit oder ein unpassender Erziehungsstil. *Jedes* Kind bekommt es mit solchen Belastungen zu tun, das eine mehr, das andere weniger.

Auf der anderen Seite aber stehen die Schutzfaktoren. Sie helfen den Kindern trotzdem klarzukommen, Kränkungen wegzustecken, Ängste und Nöte zu überwinden. Auch bei Gegenwind ihren Weg zu gehen. Sie sorgen dafür, dass auch Menschen, die in ihrer Kindheit großen Gefahren und Widrigkeiten ausgesetzt sind, lebenstüchtig und zufrieden werden können. Ganzen Generationen fehlte vieles von dem, was als wichtig für eine gute Entwicklung bekannt ist, und nicht wenige Menschen haben an dem Manko lebenslang gelitten. Andere aber sind mit dem Leben gut zurechtgekommen, trotz allem.

Psychologen fassen die Schutzmechanismen, die uns »trotz allem« leben lassen, auch als Resilienz zusammen – als Krisenfestigkeit oder innere Stärke. Bei ihrem Versuch, dieses Immunsystem der Entwicklung besser zu verstehen, sind sie immer wieder auf die gleichen äußeren Einflüsse gestoßen, die die Abwehr stärken: Geschwister beispielsweise, ein reichhaltiges soziales Netz oder eine vertraute Bindungsperson außerhalb der Kernfamilie – etwa eine Großmutter, Tante oder auch ein erwachsener Freund.

Und Kinder. Wer in Kindergruppen und -banden soziale Fertigkeiten ausbilden kann, ist später widerstandsfähiger. Wer seine Position unter Seinesgleichen finden muss, ist später kein Blatt im Wind. Wer als Kind dagegen immer nur nach den Vorgaben Älterer, Mächtigerer und Klügerer leben muss, kann auf die Dauer nur schwer bestehen – sein soziales Immunsystem kann sich nicht entwickeln.

Kinder machen sich gegenseitig Mut

Das passt zu dem, was wir über das kindliche Spiel erfahren haben: Im selbst organisierten Spiel lernen Kinder mit Stress umzugehen, Probleme zu lösen und für sich selbst einzutreten.

Immer nur behütet zu sein kann einem Kind deshalb gefährlich werden. Wer als Kind nicht spontan und fantasievoll spielen konnte, ist später ängstlicher, mutloser, verzagter – diese Erkenntnis verdanken wir dem Psychiater Stuart Brown, der vier Jahrzehnte lang 6.000 Menschen über ihre Kindheit befragte. Kein Wunder, dass Kinderpsychologen heute immer mehr Patienten aus Kreisen behandeln, die (angeblich) »alles haben« – nur eben keine wirkliche Kindheit mehr.

Vielleicht kann der Blick auf das Immunsystem der kindlichen Entwicklung auch den Eltern eine neue Perspektive geben. Denn das Augenmerk von Erziehung war ja immer zuallererst auf die Belastungen gerichtet: Wenn wir nur die Belastungen und Risiken aus dem Leben der Kinder verbannen könnten, so die Hoffnung, wird alles gut. Wenn die Kinder nur viel Mutterliebe bekommen, die richtigen Vorbilder und eine gute Bildung haben, dann steht ihnen die Welt offen. Und so ist die Hauptsorge der Eltern oft die, dass sie ihre Kinder auch ja genug unterstützen, ihnen genug Selbstbewusstsein mitgeben. Viel von diesem, viel von jenem.

Womöglich baut eine gelungene Entwicklung aber genauso gut auf Dinge, die Eltern ihren Kindern *nicht* mitgeben können. Dinge, bei denen die Eltern vielleicht sogar einen Schritt zurücktreten müssen. Dinge, die Kinder besser untereinander regeln.

Die Balance finden

Das kann vielleicht eine kleine Nabelschau verdeutlichen. Ein großer Teil meiner eigenen Generation wurde unter Bedingungen sozialisiert, die heute als pädagogisch minderwertig gelten. Kindergärten ohne ausgefeiltes pädagogisches Konzept – ein bisschen basteln, singen und viel spielen. Wichtig war vor allem, dass die Zahl der morgens gebrachten Kinder nicht über der der abends abgeholten lag. In der Grundschulzeit dann viel Freizeit, den ganzen Tag auf der Straße, auf den Wiesen, der Himmel hoch,

Erwachsene fern. Da fragt man sich doch: Wie hat diese Generation überhaupt das Leben gepackt – und sogar aktiv mitgestaltet? Ist es wirklich Zufall, dass die letzten großen sozialen Bewegungen in unserem Kulturraum – Alternativbewegung, Antiatombewegung, Wiedervereinigung – von dieser auf den Gassen und Kickwiesen verkümmerten Generation getragen wurden?

Um beim Persönlichen zu bleiben: Auch der Blick in die Kinderbücher gibt mir zu denken. Da wimmelt es doch von vernachlässigten Bildungsversagern: Pippi Langstrumpf, Tom Sawyer, Michel aus Lönneberga, Lotta aus der Krachmacherstraße, die rote Zora, Momo – Herr der Diebe! Alle diese Bücher beschreiben eigentlich die Selbstsozialisation von Kindern in mehr oder weniger wildwüchsigen Kindergruppen. Warum sind die alten Schinken nicht totzukriegen – sie passen doch längst nicht mehr in eine Zeit, in der sich das Leben der Kinder auf Klingeltonweite von den Eltern abspielt und alles, was Spaß macht, später einmal als Lücke im Lebenslauf gewertet wird. In eine Zeit, in der genug Kinder sogar Pillen verordnet bekommen, um eben nicht so zu sein wie die Kinder in den Kinderbüchern?

Ganz einfach: Weil diese Welt in unseren Kindern ihren Platz hat – und auch heute noch nach ihrem Platz sucht. Das Spiel mit anderen Kindern, das wilde Leben auf Augenhöhe ist kein alter Schinken, sondern eine Universalkonstante der Menschheit – und heute, wo immer mehr Kinder zudem noch auf Geschwister verzichten müssen, mindestens so aktuell wie zur Entstehungszeit der genannten Bücher. Die Entwicklung einer sozialen Art funktioniert nicht unter einer sozialen Glasglocke.

Das Rückgrat der Kindheit

Nach Auskunft der Soziologen werden die heutigen Kinder mit mehrmals den Job gewechselt haben. Viele von ihnen landsaufenthalte hinter sich haben. Ihre Arbeitsplatzsicherheit wird gering sein, ihre Mobilität dagegen so hoch wie nie. Sie werden immer weniger im produzierenden Bereich, dafür umso häufiger im Dienstleistungsbereich arbeiten. Die wenigsten werden also Schrauben eindrehen, die meisten in Teams arbeiten, in denen Kommunikationsfähigkeit, Kreativität und Empathie gefragt sein werden. Dies ist das Zeitalter emotional stabiler, motivierter, lebenslang lernfähiger, vernetzter Persönlichkeiten. Narzisstische, neurotische, leicht frustrierbare und gegen Stress empfindliche Menschen werden es noch schwerer haben als heute.

In dieser Welt werden Kinder ihr Immunsystem gut gebrauchen können.

Zurück nach Shanghai

Wenn also demnächst der Treck der Bildungspolitiker nach Shanghai einsetzt (er wird kommen, denn nichts überzeugt einen Bildungspolitiker mehr als ein gutes Ergebnis im Pisa-Test), sollten wir ihnen Folgendes zu bedenken geben.

ERSTENS. Wenn Kinder viele Einsen schreiben, heißt das noch lange nicht, dass sie gut aufs Leben vorbereitet sind. Vielleicht reden die Politiker auf ihrer Reise auch einmal mit den Professoren an den Pekinger Elite-Universitäten, die sich über Studenten beklagen, die zwar perfekt mathematische Probleme lösen, aber nicht unabhängig arbeiten können, wenig Kreativität entwickeln und in Teams nicht klarkommen. Tatsächlich wartet die Welt ja bisher noch vergebens auf wirkliche Innovationen »made in China«, von einem tragfähigen gesellschaftlichen Modell ganz zu schweigen. Und vielleicht beschäftigen sie sich dann auch einmal mit der Frage, wie diejenigen Kinder mit dem Leben zurechtkommen, die eben *nicht* auf den ersten Plätzen gelandet sind – die in ihrem Leben aber nichts anderes gelernt haben, als sich nach den ersten Plätzen zu strecken. **ZWEITENS.** Wenn Kinder Einsen schreiben, mag das so manche erfolgreiche Karriere begründen – aber reicht es aus, um eine Gesellschaft zu tragen? Werden die Kinder ihre Leistung einmal nutzen können, um die Welt weiterzubringen? Das scheint mir doch die entscheidende Frage zu sein, wo wir gerade noch einmal einer Krise entkommen sind, die vor allem *eines* gezeigt hat: dass unsere Welt in der Hand dieser ach so exzellenten Eliten nicht gut aufgehoben ist.

Erziehung hat nach meiner Meinung einen Mindestanspruch zu erfüllen. Nämlich den, dass unsere Kinder lernen *zusammenzuspielen*. Natürlich ist es schön, wenn sie auch vorspielen können und wenn sie Spitzenleistungen erbringen – ich wäre der Letzte, der sie dazu nicht anspornen würde (fragen Sie meine Kinder). Aber das Leben ist kein Konzertsaal, und eine Welt, die nur Vorspieler und gescheiterte Vorspieler kennt, muss eine Art Hölle sein. Exzellenz muss immer auch mit sozialer Kompetenz zusammengedacht werden. Das kann nicht in jedem Kind eine Einheit bilden (dazu sind Kinder viel zu verschieden), aber unser Erziehungssystem als Ganzes sollte darauf ausgerichtet sein.

Kinder brauchen eine geschützte, aber gleichzeitig auch unabhängige Kindheit. Sie brauchen nicht nur Anleitung, sie brauchen auch Eigeninitiative. Aber wie ist das zu schaffen, bei all den Gefahren und Verlockungen?

6
WIE VIEL FREIHEIT,
WIE VIELE GRENZEN?

Noch bevor Amy Chua ihre radikalen Erziehungsmethoden ins Spiel brachte, riet schon ein Harvard-Psychologe namens Richard Bromfield dazu, mit Kindern bei Grenzüberschreitungen in den Spielzeugladen zu gehen, um ein dort zuvor gekauftes Geschenk zurückzugeben – zur Erinnerung an die Hausregeln.

Auch wenn an den Methoden noch gearbeitet wird, das »Prinzip Grenzen« gehört schon länger zum festen Bestand in der Erziehung. Tatsächlich kommt seit den antiautoritären Experimenten der 1970er-Jahre kaum ein Erziehungsratgeber in Deutschland ohne die »Grenzen« im Titel aus – *Kinder brauchen Grenzen*, *Wie man Kindern Grenzen setzt* oder *Das neue Buch der Grenzen.*

Das alles als einfältige Pädagogik zu geißeln fällt leicht – bis einen an der Bushaltestelle ein paar Teenager mit unflätigem Verhalten auf die Palme bringen. Oder im Zug die kleine Vanessa das ganze Abteil von Hamburg bis München mit ihrem Gemeckere tyrannisiert. Was für ein Segen Regeln und Grenzen doch sind!

Leitplanken der Entwicklung

Manche Ratgeber suggerieren, dass Kinder um Grenzen geradezu betteln: »Bitte setzt mir Grenzen, sonst ist die Welt so groß und bedrohlich!« Das ist zunächst einmal nichts als eine sehr durchsichtige Glorifizierung der elterlichen Rolle. Denn die meisten Grenzen, die Kinder erfahren, müssen gar nicht aktiv gesetzt werden, sie sind Teil des ganz normalen Aufwachsens. Das Kind will Verstecken spielen, das Geschwisterkind aber lieber ein Buch lesen – schon erfährt das Kind Grenzen für seinen Willen. Diese »natürlichen« Grenzen entstehen immer dort, wo Menschen sich aufeinander beziehen und ihr Leben teilen: Je mehr soziales Gewusele, desto mehr Grenzen. Und da macht im Grunde das ganze »Dorf« mit. Noch vor nicht allzu langer Zeit wusste die Frau Mayer an der Pommesbude, wo der blonde Tobias hingehört, der da mit seinen Kumpels auf halbstark machen will – und setzte vielleicht allein schon durch ihre Anwesenheit Grenzen.

Auch die Kinderwelten sind voller Grenzen. Nehmen wir etwa den Kindergarten. Da stoßen Mamis Lieblinge auf andere Lieblinge, da treffen viele kleine Prinzen und Prinzessinnen aufeinander – und finden im Spiel dann doch einen Weg, um die Rollen irgendwie zu besetzen: Prinzessinnen und Hofstaat, Zauberer und Bezauberte.

Und oft zeigen Kinder sich dabei nicht nur ihre Grenzen auf, sondern auch ihre Möglichkeiten: Sie sind füreinander also nicht nur negative, sondern auch »positive« Grenzensetzer: »Du spielst jetzt Papa, und ich bin dein Kind« – »Und jetzt bin *ich* Papa, und du bist das Kind«. Diese Art der flexiblen Grenzziehung hilft Kindern im Verlauf des Kindergartenalters, allmählich aus ihren (für ihre Entwicklung übrigens wichtigen) Allmachtsfantasien[9] herauszuwachsen.

Gerade die Grenzziehung im »Dorf«, aber auch von Kind zu Kind hat im Vergleich zum evolutionären Kontext womöglich gelitten. Waren damals vor allem Geschwister und die älteren Kinder in der »wilden« altersgemischten Kindergruppe die Grenzzieher, so fällt diese Aufgabe heute stark den Eltern zu. Und die rutschen damit in eine recht unglückliche Doppelrolle – als Liebende und Begrenzende, Verteilende und Verweigernde, Verletzende und Tröstende, Heilige und Schurken in einer Person.

Also: Grenzen sind Teil des Lebens. Sind das die »guten« Grenzen? Und die von den Eltern gesetzten die schlechten? Manche glauben das – sie sehen das Grenzensetzen generell als Angriff auf die Menschenwürde an. Fakt ist aber, dass Kinder für ihre Entwicklung die Hilfe und den Schutz älterer, erfahrener Menschen brauchen und dass dabei auch Konflikte entstehen. Klar üben wir »Fremdbestimmung« aus, wenn die kleine Judith nur mit Mütze auf dem Kopf in die Kälte darf, aber das belastet eine funktionierende Beziehung nicht. Es ist eine sehr nette Illusion, unsere Beziehung zum Kind würde dadurch besser, dass wir ihm keine Grenzen zumuten.

Erste Hilfe

Dort, wo die Beziehung zwischen Erwachsenen und Kindern gestört ist, wird es schwieriger. Da geht es bei den Grenzen nicht mehr um praktische Kompromisse, da geht es gleich um die Macht, um die Liebe, um *alles*. Solchen Familien, in denen sich alles um die Macht dreht, ist Hilfe dringend anzuraten – Elternkurse etwa, auf denen das Setzen von Grenzen thematisiert und bewusst erlernt werden kann. Das kann dann für die entgleisten Beziehungen wie eine Art Erste Hilfe wirken. Kinder mit einem problematischen Sozialverhalten etwa fassen dadurch möglicherweise wieder Tritt.

Nur: Auch noch so gekonntes Setzen von Grenzen ersetzt nicht den Aufbau von Beziehung. Grenzen allein heilen nicht, durch Grenzen wachsen Kinder nicht, und auch die Eltern kommen dadurch nicht wirklich voran. Wenn Kinder ein problematisches Verhalten an den Tag legen, dann geht es ja nicht nur den Kindern nicht gut, sondern auch dem Beziehungsgefüge und der sozialen Welt um sie herum – das muss angegangen werden.

Das gilt auch für »verwöhnte« Kinder. Natürlich brauchen die mehr Grenzen. Aber das ist ja längst nicht alles. Verwöhnte Kinder sind in ihrer Entwicklung aus der Balance geraten, ihnen fehlt die sichernde Verankerung in der Gemeinschaft. Da ist mehr schiefgelaufen, als dass jemand vergessen hat, die Spielregeln zu erklären.

Kurz: Das Setzen von Grenzen kann Erziehung nicht ersetzen. Es kann kein Ersatz dafür sein, dass wir herausfinden, wo es im System hakt. Ja, der nölenden Vanessa im Zug fehlen womöglich Grenzen – und wir sollten sie einfordern, schon um unserer Nerven willen. Aber es bleibt Erste Hilfe.

Dass Grenzen dennoch als Erziehungskonzept glorifiziert und als pädagogische Allzweckwaffe verkauft werden – das allerdings ist einfältig.

Lob der Disziplin?

Wie kraft- und ideenlos die Erziehungsdebatte inzwischen ist, zeigt sich an nichts deutlicher als daran, wie kritiklos Grenzen und Disziplin als der Kern von Erziehung dargestellt werden. »Disziplin ist das Fundament aller Erziehung« – so Bernhard

Bueb. Nicht Bindung? Nicht Beziehung? Nicht Kompetenz? 50 Jahre Bindungsforschung – und dann geht es wieder nur um die Disziplin? »Wir müssen uns dazu durchringen, legitime Macht als Autorität anzuerkennen, die Macht Gottes, die Macht des Staates und die Macht der Erziehungsberechtigten.« Lob bekommt da, »wer konsequent Unterordnung eines Kindes verlangt«. Sogar: »Ein möglicher Missbrauch [von Autorität] darf kein Einwand sein.« Also: »Schüler müssen sich auch Lehrern unterordnen, die durch ihre Persönlichkeit den Anspruch auf Autorität nicht einlösen können.«

Andere bringen die Masche mit den Vierbeinern, denen es ja auch gut täte, wenn sie mit »Konsequenz« behandelt würden und wenn sie wissen, »wer hier der Chef« ist. Amy Chua braucht drei Kapitel, um den Unterschied zwischen Kindererziehung und Hundeerziehung zu erklären: Vom Prinzip her sei der Ansatz übertragbar, in der Praxis scheitere man aber beim Hund nicht selten an dessen mangelnder Intelligenz.

Was für ein Theater! Ja, ein Hund wird durch Konsequenz und Disziplin durchaus seine Aufgaben lernen: Fremden nicht ans Bein pinkeln (da verliert Herrchen Freunde), Autos nicht nachrennen (da verliert Herrchen den Hund), nicht zu viel Futter fressen (da verliert Hund seine Gesundheit). Der Hund wird sein ganzes Leben in kompletter »hündischer« Abhängigkeit von seinem Herrchen verbringen – das liegt in seiner Natur, und es ist die Voraussetzung für sein Überleben. Der Geschäftszweck der Kindheit aber ist genau das Gegenteil: von den Eltern unabhängig zu werden. Der Sinn von Erziehung ist nicht, dem Kind Macht vorzuenthalten, sondern es seine Macht entwickeln und nutzen zu lassen!

Das ist heute noch dringender geworden. Wir Menschen sind uns in weiten Teilen der Gesellschaft viel stärker auf Augenhöhe gerückt. Wir funktionieren nicht mehr in Befehlsketten, wie das in der jüngeren Geschichte üblich war (wohlgemerkt, in der jüngeren Geschichte – das evolutionäre Grundmodell des Zusammenlebens von Homo sapiens hat nicht auf Befehlsketten aufgebaut). Das gilt für das Verhältnis zwischen Frau und Mann, und das gilt in zunehmendem Maß auch für die Arbeitswelt. Und das hat auch Auswirkungen auf das Verhältnis zwischen Eltern und Kind, ob wir das begrüßen oder nicht. Ja, vielleicht »funktionieren« Kinder wirklich besser unter straffen Zügeln – aber ist das deshalb richtig? Ist es gut für sie? Ist es die richtige Vorbereitung auf die heutige Welt? (Nur zur Erinnerung: Vor nicht allzu langer Zeit waren noch die meisten Männer der Meinung, dass auch Frauen unter straffen Zügeln besser funktionierten ...)

Abgesehen davon scheint die Hoffnung auf mehr »Machtgefälle« fast schon fahrlässig weltfremd. Nach der Debatte um den Missbrauch von Kindern in Kirchen, Schulen und Heimen dürfte bekannt sein, wie viele Erwachsene mit ihrer Macht über Kinder eben nicht gut umgehen können. Ein möglicher Missbrauch von Autorität sei »kein Einwand« gegen das Prinzip des Gehorsams gegenüber Autoritäten? Wie bitte?

Und vielleicht sollten wir auch nicht vergessen, dass die gehorsamen Kinder früherer Generationen eben nicht nur mucksmäuschenstille Schüler waren – sondern für die jeweils herrschende Ideologie, und sei sie noch so menschenverachtend, auch singend in die Schützengräben stiegen. Seltsam, dass man daran erinnern muss: Gehorsam, Autorität und Disziplin haben als kulturelle Leitbilder ihre Chance gehabt. Dabei ist für die Gesellschaft wenig Gutes herausgekommen. Zumindest erscheint es mir dreist, jetzt aus diesen Krückstöcken die angebliche Rettung des Abendlandes zu konstruieren.

Grenzen heute

Das soll nicht heißen, dass alles rosig ist im Abendland. Unsere Erziehungsprobleme sind gravierend. Und unsere Kinder sind Verlockungen ausgesetzt, die es so früher gar nicht gab – man denke an den exzessiven Medienkonsum, der inzwischen wirklich zu einem der größten Entwicklungshemmnisse für Kinder geworden ist (und gerade den Kindern in den armen Schichten noch die letzte Chance auf den sozialen Aufstieg vermasselt). Wer weiß denn, ob wir selbst früher auf den Straßen unsere Banden gegründet hätten, wenn es am Bildschirm einen Drachen zu erschießen gegeben hätte – oder wenn das Fernsehen tagsüber nicht mit einem strikten, vom hellhörigen Ohr der Mutter überwachten Verbot belegt gewesen wäre?

Daher gleich ein Lob auf das Verbot! Ja, es ist in Ordnung, dass Eltern ihren Kindern manche Dinge einfach verbieten. Im modernen Leben stehen Honigtöpfe herum, denen unsere Kinder ausgeliefert sind – ohne dass die Evolution einen Schutz davor mitgeliefert hätte. Natürlich hat ihre Lust auf Süßes Kinder des Öfteren dazu gebracht, sich an den reifen Kirschen oder reifen Brombeeren zu überfressen – aber das war es dann auch. Heute stehen sie mit ihrem süßen Zahn vor den Regalen mit Schokoriegeln und Bonbons und würden dafür ihre Gesundheit ruinieren. Dasselbe mit den Medien – gegen diese Form des Angriffs auf das kindliche Belohnungszentrum ist kein natürliches Kraut gewachsen. Das Problem des exzessiven Konsums von Computerspielen wird deshalb zunehmen, und er wird unseren Kindern nicht guttun.

Gut also, wenn Eltern da Grenzen setzen können.

Im Kleingedruckten zeigt sich aber auch gleich das erste Teufelchen. Das Setzen von Grenzen ist gar nicht so einfach! Grenzen funktionieren langfristig nämlich nur, wenn sie Teil funktionierender Beziehungen sind (es war die Rede davon): Sobald bei der Erziehung das schlechte Gewissen, Motive wie Belohnung und Bestrafung, die Liebes- und die Machtfrage oder der eigene Frust ins Spiel kommen, wird es mit den Grenzen schwierig. Tatsächlich zeichnen sich dysfunktionale Beziehungen ja gerade dadurch aus, dass auch die Grenzziehungen nicht glücken. Und damit sind wir gleich bei so unaufgeräumten Sachen wie Stress in der Familie, dem Selbstwertgefühl, den Beziehungen der Eltern, dem gelingenden oder misslingenden Alltag ... Und damit wird auch verständlich, warum so viele Familien schon an der Süßigkeitenfrage scheitern.

Das Problem der Tragfähigkeit von Grenzen wird mit älteren Kindern nicht kleiner. Kinder, die von sich aus die gesetzten Grenzen nicht akzeptieren, kontern jetzt nicht nur mit schlechter Laune, sondern ziehen einfach zu ihren Kumpels um. Oder knacken das Zeitkonto am PC. Oder spielen heimlich. All das kann man verhindern – aber nur, wenn man aus dem Familienleben eine Art Anstalt macht, à la Amy Chua (die sich ja selbst als Oberfeldwebel bezeichnet). Kein Wunder, dass diese Form der Erziehung heute nur noch unter besonderen Umständen funktioniert – etwa bei hohem Wertekonsens in sehr religiösen Familien oder in kulturell »verinselten« Haushalten wie bei den Chuas (da erklärt eine Tochter allen Ernstes einem Schulfreund: »Ich bin Chinesin, ich habe keine Zeit, Spaß zu haben«).

Dann ist da noch ein zweites Teufelchen mit einer simplen Frage: Und wie geht es weiter? Denn das Grenzensetzen ist eine Zeit lang ja womöglich eine effektive Strategie, aber sie hat eine Halbwertszeit. Die meisten Kinder erwartet ja ein Leben, in dem sie sich *selbst* werden Grenzen setzen müssen, und das will irgendwann eingeübt sein. Festgelegte Computerzeiten, klare Regeln, klare Ansagen – das kann bei einem 14-Jährigen ein Segen sein. Aber ist es auch der richtige Weg bei einem 16-Jährigen, der vielleicht in ein, zwei Jahren in einer Studentenbude leben wird, wo niemand mehr Computerzeiten festlegt – es sei denn er selbst? Da ist doch ein Jugendlicher, der gelernt hat, nach vier Stunden selbst den Ausschalter zu drücken, auf seinem Weg ein gutes Stück weiter als einer, dessen Programm nach zwei Stunden einfach abschaltet.

Nur Grenzen, das kann es also nicht sein. Sie helfen eine gewisse Zeit lang als Schutz, aber damit Kinder zu verantwortlichen, selbstgesteuerten Menschen werden, braucht es mehr, als dass sie n einzuhalten. Ja, praktisch, wenn sie auch auf bren – aber was wird aus ihnen, wenn die Kom einmal geräumt ist?

Balance halten

Und damit sind wir – wieder einmal – bei der Balance. Denn der Blick in die evolutionäre Vergangenheit zeigt ja eines: Kinder hatten früher bestimmt mehr Grenzen. Aber: Sie hatten auch mehr Freiheit.

Tatsächlich haben die letzten Kapitel genügend Gründe aufgeführt, warum wir Grenzen nicht ohne die andere Seite der Waagschale betrachten dürfen, die Freiheit. Nicht wenige Kinder nämlich leiden gar nicht an fehlenden Grenzen, sondern daran, dass sie auf ihrem Entwicklungsweg zu viele Grenzen erfahren – zu viel Anleitung, zu viel Förderung, zu viele Erwartungen, zu viel Struktur. Sie konnten nie lernen, sich auf sich selbst zu verlassen, eben weil ihnen auf ihrem Weg zu viele Vorgaben, Ängste und Begrenzungen entgegengeschlagen sind. Wer zu viel von außen gesteuert wird, kann nicht lernen, sich von innen heraus selbst zu steuern. Er wird schwach und mutlos. Zu wenig Grenzen? Wir sollten uns vor pauschalem Denken hüten.

Wie können wir unseren Kindern heute helfen, die richtige Balance zu finden? Eine Balance, die ihnen genug Freiraum gibt, um sich in sozialer und emotionaler Hinsicht zu entfalten – und sie gleichzeitig auch nicht den »übernatürlichen« Verlockungen der heutigen Welt ausliefert?

Das Anstaltsprinzip wird kein Ausweg sein. Familien sind keine Anstalten und Eltern keine Anstaltsleiter. Wer will denn heute wieder so leben? Und Kinder werden eben nicht stark und zufrieden, indem wir Großen sie stärker an die Kandare nehmen. Ja, die Frage ist überhaupt, ob die Familie es schaffen kann, dass Kinder die richtige Balance finden – in manchen Familien wackelt dazu das »Beziehungsfundament« zu sehr, in anderen sind die Eltern beruflich bis zum Anschlag gefordert. Zudem tragen, wenn es um die Erziehung geht, in den meisten Familien zunehmend weniger Schultern mit.

Da führt nichts an den kindlichen Lebenswelten vorbei, besonders den Kitas und den Schulen. Diese Räume gilt es zu stärken und neu zu beleben, wollen wir unsere Kinder nicht in den modernen Honigtöpfen versinken oder als debilisierte Konsumenten in Fastfood-Ketten oder in Shopping-Meilen verschwinden sehen. Wo sonst in ihrer heutigen sanierten Umwelt haben Kinder denn das Beziehungsnetz, in dem sie Verantwortung erlernen können, in dem sie sozial kompetent und widerstandsfähig werden können? Kleine Familien und fehlende Kinderbanden auf den Straßen werden ja auf absehbare Zeit Realität bleiben.

Umso wichtiger, dass die Lebenswelten der Kinder endlich so gestaltet werden, dass Kinder dort nicht nur Bildungsangebote bekommen, sondern einen Lebensraum, in dem sie ihre Balance finden können und *beides* erfahren: ihre Grenzen und ihre Freiheiten.

DIE RICHTIGE FÖRDERUNG: KAMPF DER SYSTEME?

Warum ist der Streit um die Grenzen so eskaliert? Wie konnte es so weit kommen, dass neuerdings sogar über die Verbrennung von Stofftieren als pädagogisches Mittel nachgedacht wird?

Das liegt, wie so manches, an der Globalisierung. Diese bringt nun einmal nicht nur Waren und Fertigungstechniken, sondern auch kulturelle Modelle und »Kinderbilder« auf einem gemeinsamen Markt zusammen. Waren im kalten Krieg die Erziehungssysteme auf der »anderen Seite« automatisch schlecht (man erinnere sich an die mit einigem Plutonium bestückte Krippendiskussion), so treten die kulturellen Leitbilder heute offen miteinander in Konkurrenz: Worin besteht die »richtige« Förderung für Kinder? Wie kann man Kinder am besten auf ein erfolgreiches Leben vorbereiten? Und welchen Erfolg meinen wir?

Bei einem solchen Aufeinanderprallen gehören Pauschalisierungen und Paukenschläge zunächst einmal dazu – der bereits angesprochene Vorwurf etwa, die »westliche« Erziehung ließe die Kinder mangels Führung und Anregung verlottern, die »chinesische« Erziehung dagegen baue sie zu Siegern auf. Beides mag stimmen, aber eben nur für eine kleine Minderheit. Da ist die Frage nach den »Kosten« für die Mehrheit schon interessanter – auch für die Gesellschaft als Ganzes.

Aber gibt es vielleicht einen Weg zwischen den Extremen? Eine Erziehung, die Kinder nicht unbedingt zu sozial schwachen Einserschreibern zurichtet – und sie trotzdem nicht vor dem Bildschirm oder beim Dauer-Chillen verwahrlosen lässt? Eine Förderung, die nicht darin besteht, dass wir Erwachsenen das Kommando übernehmen und unsere Kinder wie Drohnen durch die Kindheit lenken – die aber auch nicht beim »Let the children play« stehen bleibt?

Damit wären wir wieder bei den Kindern und ihrer evolutionären Geschichte. Sie haben die vielen unterschiedlichen Wege ins Erwachsenenleben ja nur finden können, weil sie begierig sind zu lernen – und zwar von sich aus. Wo haben sie dabei Rückenwind, wo Gegenwind? Welche Art der »Förderung« kann funktionieren, welche nicht?

Kein falsches Konzept

Dass Förderung funktioniert, zeigen die Erfahrungen mit sozial benachteiligten Kindern. Wenn sie in den richtigen Kindergarten und die richtige Schule gehen, können sie aufholen – dank der dort erfahrenen Förderung! Auch ein Kind mit besonderen Talenten blüht durch Förderung oft wunderbar auf. Denken wir nur an musikalisch begabte Kinder – sie können ihre Freude am Musizieren nur nutzen, wenn sie auch ein Instrument, Unterricht und Ermutigung haben, eben: Förderung! Ganz sicher würden wir heute keinen Mozart hören, wenn sein Vater ihn nicht gefördert hätte (und auch seine Mutter dürfte eine Rolle gespielt haben, irgendwo abseits des Klaviers).

Aber warum hören wir dann so viele Klagen über die Förderung? Sogar, dass dahinter ein Wahn stehe, der Förder-Wahn eben? Warum bemühen manche sogar das Gras, um vor Förderung zu warnen: Das Gras wachse ja auch nicht schneller, wenn man daran zieht?

Beim Thema Förderung scheint es uns komplett aus der Kurve getragen zu haben. Beste Bedingungen wieder einmal für Schwätzer, Spekulanten und Sektierer. Beste Chancen auch, dass wir einem ihrer Lockangebote dann doch aufsitzen. Ich gehe davon aus, dass die meisten der für Kinder speziell zur »Förderung« angebotenen Programme und »Spiel«sachen reine Zeit- und Geldverschwendung sind. Bestenfalls.

Ich gehe aber auch davon aus, dass viele Kinder eben die Förderung nicht erhalten, die für ihr Leben einen entscheidenden Unterschied bedeuten würde.

Eingebaute Förderung

Schaffen wir Klarheit, indem wir die Herausforderungen betrachten, die sich Kindern auf ihrem evolutionären Weg schon immer gestellt haben.

Da sind zum einen Dinge, die alle Kinder lernen müssen, egal wo sie leben und egal was sie später einmal besonders gut können müssen. Alle Kinder rund um den Globus lernen laufen, sprechen oder miteinander klarzukommen, ohne dass sie dazu speziell motiviert, unterrichtet oder eben »gefördert« werden müssten. Sie saugen sich aus ihrer alltäglichen Umwelt all die Erfahrungen heraus, die sie für den Aufbau dieser Kompetenzen brauchen. Sie tun dies aus sich heraus, *ohne* spezielle Unterstützung! Es braucht dazu nur eines: eine normale, artgerechte Umwelt.

Worin besteht dieses eigenförderliche Umfeld, das Kinder der Art Homo sapiens gedeihen und ihre individuellen Potenziale entfalten lässt?

So unterschiedlich die Umwelten sind, in der Kinder aufwachsen, so sind es doch die immer gleichen Grundlagen, die ihnen eine adäquate Entwicklung ermöglichen:

ERSTENS: SICHERE BINDUNG. Nur wo Säuglinge und kleine Kinder in einem emotional sichernden Stil versorgt werden, entwickeln sie ihr Urvertrauen. Und darauf baut wiederum ihr Erforschungsmut auf: Sicher gebundene Kinder dringen tiefer in ihre Umwelt ein und versorgen sich damit eigenständig mit immer neuem Lernstoff (wir sind dieser »Selbstwirksamkeit« ja bereits im Kapitel »Ausmisten!«, Seite 43, begegnet). Dieses Beziehungs- und Bindungssystem sieht in jeder Kultur und in jeder Familie anders aus, immer aber sind die sichernden Zutaten dieselben: emotionale und auch körperliche Nähe, Verlässlichkeit und Feinfühligkeit der betreuenden Person(en).

ZWEITENS: ANDERE KINDER. Homo sapiens ist kein Einzelgänger, sondern ein Gruppenwesen. Die Fähigkeiten für diesen sozialen Lebensstil erwirbt er nicht nur von den Erwachsenen – sondern als Kind von anderen Kindern. Empathie, Fairness und die Fähigkeit, in einer Gruppe klarzukommen, entstehen ganz stark im sozialen Quirl der Kindergruppe – vor allem im Spiel mit Kindern auf unterschiedlichem Entwicklungsstand.

DRITTENS: UNTERSTÜTZUNG DURCH DEN »STAMM«. Menschen sind evolutionär gesehen auf ein gemeinschaftliches Aufziehen ihres Nachwuchses angelegt: Kinder gedeihen dort am besten, wo Helfer mit anpacken. Die Eltern sind wichtig, aber sie können es nur schaffen, wenn ihnen andere vertraute Menschen den Rücken stärken. Je reichhaltiger dieses sichernde Netz, desto besser für die Entwicklung der Kleinen.

VIERTENS: **FREIHEIT.** Um in ihr – sehr unterschiedliches – kulturelles Umfeld hineinzuwachsen und um ihre – sehr unterschiedlichen – individuellen Potenziale ausschöpfen zu können, brauchen Kinder eine ganz besondere Möglichkeit: nämlich nach einem eigenen Plan zu lernen. Sie müssen sich deshalb eine eigene, passende Umwelt schaffen können! Das gelingt am Besten im selbstbestimmten, freien Spiel. Hier schaffen Kinder sich ihre Wunschwelten, hier werden sie kreativ, hier versorgen sie sich mit einem auf sie selbst abgestimmten Input. Kurz: Ein Homosapiens-Kind braucht Spielraum!

FÜNFTENS: **EINE WELT IM GLEICHGEWICHT.** Im Laufe der Kindheit entwickeln Kinder ein inneres Bild von der Welt, in der sie leben – sie erzählen sich selbst eine »Geschichte«. Sind die Menschen, die darin vorkommen, meine Freunde? Mitspieler? Oder Gegenspieler? Muss ich mich tagtäglich beweisen oder kann ich mich auch auf andere verlassen? Ist die Welt ein Ort, der mir etwas gibt, oder bedroht sie mich? Die Antworten darauf erwachsen zum einen aus frühen Bindungserfahrungen, schöpfen sich aber auch aus dem Alltag hier und jetzt. Und damit auch aus dem Zustand der Gesellschaft, in der ein Kind aufwächst. Kinder brauchen Frieden, Stabilität und Hoffnung. Und sie brauchen neben dem »Ich« ein schützendes »Wir«. Ein solches Gleichgewicht verleiht Flügel!

Kinder, die unter solchen artgerechten Bedingungen aufwachsen, können sich entfalten. Sie können ihre Energie und Kraft voll und ganz für ihre Entwicklung nutzen. Diese ins normale Leben eingebaute »Förderung« kann geradezu als das Grundprinzip der Evolution verstanden werden: Kinder sind von Natur aus mit dem ausgestattet, was es braucht, um unter normalen Bedingungen »fit« zu werden, also sich zu kompetenten Erwachsenen zu entwickeln!

Das erklärt, warum Kinder ihre Potenziale in extrem unterschiedlichen Umwelten entfalten. Solange sie die beschriebenen artgerechten Zutaten vorfinden, können sie ungehindert lernen – und sich damit all das aneignen, was es braucht, um vor Ort zu bestehen. Tatsächlich fehlt es Kindern rund um die Erde nicht an Eloquenz – auch dort nicht, wo mit Babys nur wenig geredet wird. Und es gibt auch kein Intelligenzdefizit in Kulturen, in denen Kleinkinder keine Experimente im Kindergarten machen. Auch hierzulande gab es kluge Kinder schon zu Zeiten, als man mit Kindern noch so dumme Sachen machte, wie sie auf die Straße zum Spielen zu schicken.

Das erklärt umgekehrt, warum der größte Teil der heute angebotenen, nein, regelrecht in die Kinder hineingedrückten Förderung für die Katz ist – sie soll Kindern bei Aufgaben helfen, die sie auch ohne spezielle Programme, Anreize oder Motivation von außen packen: das Sprechenlernen etwa, das Selbstständigwerden oder das Schlauwerden. Für diese universellen Facetten der kindlichen Entwicklung gilt das Gärtnerprinzip: Aus der Knospe wird keine tollere Blüte, wenn man ihr an den Blütenblättern rumfummelt.

Und das erklärt auch, warum sozial benachteiligte Kinder von »Förderung« so ungeheuer viel profitieren – und das gerade in dem eigentlich ja als Selbstläufer angelegten Bereich der grundlegenden Kompetenzen wie sprechen oder denken. Tatsächlich: Dürfen Kinder aus sozial schwachen Familien etwa einen guten Kindergarten besuchen, so machen ihre sprachlichen Fähigkeiten auf einmal einen Sprung, und auch ihre kognitiven Leistungen verbessern sich. Das liegt nicht daran, dass ihnen dort besonders ausgeklügelte Förderprogramme geboten werden oder dass sie dort mit sonderpädagogischen Methoden behandelt werden. Nein. Die Kinder kommen deshalb voran, weil sie aus ihrem »beraubten« Umfeld in ein normales Entwicklungsumfeld aufsteigen dürfen! Sie kommen dadurch voran, dass ihr »eingebauter Entwicklungsmotor« jetzt anspringen kann. Einfach deshalb, weil sie jetzt das vorfinden, was es für eine gelungene Entwicklung eines jeden Kindes braucht: eine normale, artgerechte Umwelt.

Spezielle Begabungen

Ganz anders ist es bei den Dingen, für die spezielle Begabungen notwendig sind. Begabungen, mit deren Hilfe Kinder einmal Aufgaben werden bewältigen können, die sich eben *nicht* allen Kindern stellen. Die Geige zu beherrschen etwa. Die höhere Mathematik, das Balletttanzen. Oder das Gedichteschreiben. Um mit diesen besonderen Fähigkeiten Spitzenleistungen zu erzielen, brauchen Kinder besonderen Rückenwind. Muss der immer von außen auf sie geblasen werden? Nein. Anders als häufig angenommen, verschaffen sie sich den Rückenwind auch *selbst*.

Ja, diese Eigenförderung spielt sogar oft eine entscheidendere Rolle als die Unterstützung von außen – viele Schriftsteller oder Dichter etwa haben nie besondere Förderungsprogramme oder besonders gute Schulen durchlaufen und sind auch nicht speziell zum »Üben« angehalten worden. Sie haben einfach das getan, was ihnen Befriedigung gab – hinter echten Spezialbegabungen stehen ja immer auch »Triebe«. Unter den Beatles war keiner, der von seinen Eltern zum Üben verdonnert oder in spezielle Musikförderungsprogramme gesteckt worden wäre. Überhaupt lesen sich überraschend viele Biographien herausragender Menschen wie eine Karikatur dessen, was wir unter »Förderung« abgespeichert haben: Da finden sich keinerlei spezielle Programme, kein spezieller Einsatz der Eltern, keine speziellen Techniken.

Auch das wird oft vergessen: Viele Spezialbegabungen bilden sich nicht umso vollständiger oder perfekter aus, je früher sie aufgestachelt und geübt werden. Albert Einstein ist im Kindergarten nicht mit dem Rechenschieber dagesessen, und auch Singen können Kinder später nicht umso besser, je früher im Leben sie Gesangsunterricht bekommen. Die Beherrschung bestimmter Instrumente (vor allem der Geige) dagegen scheint durchaus besser zu klappen, wenn die Kleinen schon früh damit beginnen. Vielleicht sind also diese putzigen Wundergeiger-Kinder daran schuld, dass wir Genie immer mit möglichst früher Förderung verbinden ...

Zwei Wege

Fassen wir das zur Förderung Gesagte kurz zusammen. Es ist nicht ganz so simpel, wie es in den Ratgebern steht. Es gibt für Kinder zwei Arten von Entwicklungsaufgaben und damit zwei Arten von Förderung. Da ist auf der einen Seite die intuitive,»eingebaute« Förderung des Kindes. Mit diesem Reifungsprogramm erwirbt das Kind eine breite Palette an Lebenskompetenzen in allen möglichen Bereichen – in emotionaler, motorischer, sprachlicher und sozialer Hinsicht. Die intuitive Förderung ist also immer eine ganzheitliche Förderung.

Und dann gibt es die auf die Entwicklung von speziellen Begabungen gerichtete Förderung. Sie erlaubt Kindern, ihre besonderen Fähigkeiten auszubilden, ob kognitiver, musikalischer, emotional-kreativer oder sonstiger Art. Auch sie nutzt die inneren Triebkräfte des Kindes, also seine Eigenmotivation, seine Begeisterung und die unglaublichen, von innen kommenden Belohnungen. Aber je nach Art der Spezialbegabung spielt auch Üben, Selbstdisziplin und Unterstützung von außen eine Rolle. »Ohne Fleiß kein Preis« scheint über vielen dieser Blüten zu stehen.

Shanghai – Berlin

Wir haben diese beiden unterschiedlichen Arten von Förderung schon eine Weile durcheinandergebracht. Mit dem jetzt im »alten« Westen einsetzenden Kulturpessimismus hat sich das zugespitzt, und wir erleben den Ansturm eines völlig einseitigen, ja extremistischen Förderkonzepts. Dieser Angriff droht die Entwicklung unserer Kinder in eine fatale Richtung zu zwingen.

Da kann der Blick auf die Herkunft der Kinder helfen, Maß zu halten.

Denn das für eine soziale Art wie den Menschen typische Modell der Sozialisation war immer darauf gerichtet, dass Kinder in

die Gruppe, in die sozialen Zusammenhänge vor Ort hinein-
wachsen. Es war darauf gerichtet, dass aus Kindern sozial kompetente Erwachsene wurden. Das war ja der evolutionäre Imperativ
schlechthin: Nur in einer funktionierenden Gruppe konnten
Menschen bis in die allerjüngste Zeit hinein überhaupt überleben – die menschliche Gruppe war über Hunderttausende von
Jahren »unsere einzige Hoffnung«, wie es die Evolutionsbiologin
Hrdy ausdrückt. Zu 99% der menschlichen Geschichte konnten
Güter nicht angehäuft werden, selbst ein erlegtes Wild war wert-
los, wenn es nicht gemeinsam transportiert, verwertet und rasch
verteilt wurde. Das »Kapital« der Menschen war nicht ihr Besitz,
sondern ihr angesammeltes Ansehen, ihre wechselseitigen Verpflichtungen, ihr Beziehungsnetz.

Und genau darauf ist das angestammte »Fördermodell« des
Kindes zugeschnitten: Die Erfahrungen in der Kindheit (einer
Kindheit, die auch eine Kind-heit war und keine endlose Schul-
stunde, wohlgemerkt) vermittelten dem Kind schon immer eine
breite Palette von Fertigkeiten: körperliche, sinnliche, kognitive,
emotionale und vor allem soziale Fertigkeiten. Das heißt nicht,
dass das Kind nicht auch seine individuellen Talente ausbilden
konnte, ganz im Gegenteil – besonders gute Jäger, besonders gute
Sammlerinnen, besonders gute Geschichtenerzähler waren ein Plus
für alle. Aber diese Spezialisierungen standen nicht im Widerspruch zu einer im Kern auf das Leben in der Gemeinschaft aus-
gerichteten Sozialisation.

Dagegen formiert sich nun ein neues Konzept, das die individuellen Spezialisierungen ganz weit in den Vordergrund stellt –
und zwar in kristalliner Reinkultur. Ziel ist jetzt der Erwerb eines
extrem schmalen Ausschnitts an Fähigkeiten (meist kognitiver
Art). Um dieses Ziel zu erreichen, wird die intuitiv-ganzheitliche
Förderung, die aus evolutionärer Sicht immer Teil der Kindheit
war, zur Disposition gestellt.

Invasive Förderung

Dieses invasive, individualistische Modell von Förderung wird uns nicht guttun – den Kindern nicht und unserer Gesellschaft schon gar nicht. Es kann nicht sein, dass wir unter dem Druck einer gespenstischen Effizienzdebatte die kindliche Entwicklung auf einmal neu definieren wollen – und dabei einen Teil als richtig und wichtig, den anderen Teil zum überflüssigen Ballast erklären. Beide Aspekte sind Teil der kindlichen Natur, und das nicht ohne Grund. Sie haben uns Menschen *beide* gute Dienste geleistet auf unserem Weg. Wollen wir als menschliche Art eine Zukunft haben, so brauchen wir *beide* Teile, dringend.

Damit wären wir bei der »frühen Bildung«. Das, was unsere Bildungspolitiker derzeit daraus machen wollen, wird in einen Raubbau an der kindlichen Entwicklung münden. Die Philosophie ist simpel: Der frühe Beginn mit formaler Bildung führe zu einem höheren Leistungspotenzial im späteren Leben. Nur: Es gibt keinen einzigen Beleg dafür, dass die Philosophie stimmt. Die Auswertung nationaler und internationaler Vorklassenprojekte an Kindergärten zeigt vielmehr, dass schulisches Arbeiten in Kindergärten den Kindern keinen Vorteil bringt, im Gegenteil. Das gilt auch für den frühen Beginn mit Fremdsprachen. Natürlich erfreut es Onkel und Tante, wenn der kleine Tim ein paar englische Wörter kann. Und sehr wohl stimmt auch die Beobachtung, dass Kinder bis zum Alter von etwa sechs bis zehn Jahren problemlos und akzentfrei eine Zweitsprache erlernen können. Das tun sie aber leider nur unter ganz bestimmten Bedingungen[10] – und die sind in den meisten Kindergärten *nicht* gegeben. Dass Kinder ihr intuitives Sprach-Lernprogramm nutzen können, um aus ein paar von der Erzieherin produzierten Brocken Englisch eine Sprache zusammenzusetzen, bleibt damit eine grundlose, aber interessanterweise weit verbreitete Hoffnung.

Und das gilt auch für die so gerne als »kindgerecht« angesehene naturwissenschaftliche Bildung, die einem Kindergartenkind beibringen soll, warum Seifenblasen nicht eckig sind, warum der Mond nicht herunterfällt oder warum in der Limonade Bläschen von unten aufsteigen und nicht etwa von oben heruntersinken. Abgesehen davon, dass es auf diesem Planeten kein einziges Kindergartenkind gibt, das von sich aus über diese Fragen nachdenken würde, zeigen Befragungen, dass selbst Lehramtsstudenten mit den Antworten überfordert sind. So fragen die kleinen Wissenschaftler bei der anschließenden »Diskussion« dann halt doch wieder so unbedarfte Sachen wie: »Ich möchte wissen, was Räuber so alles klauen.«

Und warum ist uns denn die frühere Einschulung so wichtig? Die deutschen Iglu-Datensätze unterstützen dieses Ziel nicht: Die mit sieben Jahren eingeschulten Kinder sind im vierten Schuljahr im Schnitt deutlich besser als die ein Jahr früher eingeschulten Kinder. Kinder, so scheint es, lernen nicht einfach, was man ihnen vorsetzt. Sie lernen, wenn sie dafür bereit sind.

Was zählt, und: wer zahlt?

Bringen wir deshalb auch im Bereich der Förderung die Luftschlösser auf den Boden.

ERSTENS. Anstatt auf ein spekulatives Treibhausmodell von Förderung zu setzen, sollten wir endlich die unumstrittenen, gesicherten Erkenntnisse zur Förderung von Kindern umsetzen: *Alle Kinder brauchen ein normales, arttypisches Entwicklungsumfeld.* Viele Kinder, gerade solche aus armen Familien, haben dieses »normale« Umfeld nicht. Ihre Zahl nimmt zu, und das im reichsten (und kinderärmsten) Deutschland, das es je gab. *Alle Kinder* brauchen einen guten Kindergarten, alle Kinder brauchen eine gute Schule (und gerade Kinder, die zu Hause kein gutes soziales Netz haben, brauchen auch eine gute Krippe, davon wird noch die Rede sein). Reichhaltige Kinderwelten für alle Kinder, das ist der Kern von »Förderung« – und die allererste und wichtigste Hausaufgabe, die wir als Gesellschaft zu erledigen haben.

ZWEITENS. Verlangen wir, dass unsere Bildungspolitiker das Maß nicht verlieren. Sie können sich nicht nur von den Einsern der Kinder in Shanghai den Mund wässrig machen lassen, sie müssen Kosten und Nutzen bedenken. Wissen ist wichtig, gerade in einer Wissensgesellschaft. Aber auf dem Weg zum Wissen gibt es Sackgassen und Holzwege. Wem nutzt es denn, wenn die Kinder in immer weniger Jahren immer mehr Wissen anhäufen und danach reif für die Therapie sind? *Welches Wissen brauchen wir denn?* Und was genau ist denn der Wert von Wissen heute? Wissen funktioniert meist ja nur, wenn es in andere Fertigkeiten und Fähigkeiten »eingebettet« ist – Teamfähigkeit und persönliche Stärke etwa oder handwerkliches Geschick. Machen wir uns doch nichts vor. Die angebliche »Wissensgesellschaft«, in der wir heute leben, wäre doch ohne die anderen Pfeiler schon längst zusammengebrochen: Intuition und Einfühlung etwa, Kreativität und Kunst, soziales Engagement und Zivilcourage, seelische Gesundheit, Werte und Gewissen, ja: Liebe und Ehrfurcht. Wir brauchen sie *alle*, wie der Blick nach draußen zeigt. Da gibt es eben nicht nur technische, wissenschaftliche oder finanzmathematische Probleme zu lösen, sondern genauso soziale und menschliche Probleme, und ganz schön vertrackte dazu. Man darf von Bildungspolitikern sicherlich erwarten, dass sie sich mit dem Begriff der Bildung nicht in die Tasche lügen oder im 19. Jahrhundert stehen bleiben.

DRITTENS. Das fundamentalistische, rein auf die Perfektion individueller Begabungen verkürzte Förderkonzept ist ein riesiges Experiment – ein Experiment, an dem sich vorzugsweise Eltern beteiligen, die ihren Kindern die Spitzenpositionen der Gesellschaft sichern wollen. Der Ausgang des Experiments ist ungewiss. Aus evolutionärer Sicht ist eine Warnung überfällig: Diese Kinder wachsen in einer wenig artgerechten Umwelt auf, ihre Entwicklung kann nicht anders als brüchig sein. Da entstehen nur allzu [...]me und Störungen, die dann die Gesellschaft als [...]en hat. Welches Gefährdungspotenzial von hochge-[...] sozial im Grunde verwahrlosten Eliten ausgeht,

zeigt die Geschichte der jüngsten Finanzkrise – gegen die da auf-
zuspannenden Rettungsschirme sind die Hartz-IV-Zahlungen ein
Fall für die Portokasse. Auch bei unseren »Eliten« herrschen zunehmend prekäre Verhältnisse!

VIERTENS, UND LETZTENS. Vor nicht allzu langer Zeit wurde voller
Neid auf das angeblich »exzellente« japanische Erziehungs- und
Bildungssystem geblickt. Die in der japanischen Gesellschaft ge-
pflegten Sekundärtugenden galten als endloser Schatz für eine
leistungsfähige Arbeitswelt. Auch da ging es um Disziplin, um
Ehrgeiz, ja, um Wunderkinder. Déjà-vu? Heute wird klar, dass Ja-
pan für die innere Stärke einer Gesellschaft wichtige Entwicklun-
gen schlichtweg verschlafen hat – von der Emanzipationsbewe-
gung der Geschlechter über die innere Demokratisierung bis hin
zu partizipatorischen Strukturen in der Arbeitswelt. Wir sollten
uns heute beim Feiern des nächsten Bildungs-Tigers zumindest
nicht lächerlich machen.

Wenn uns der Blick auf den Zustand unserer Welt eines lehrt,
dann doch das: Die Aufgabe, die sich uns stellt, heißt nicht: weiter
so, nur perfekter und effizienter. Nein – die Aufgabe heißt: Neues
denken, Neues wagen! Und diesen Keim sollte auch unser »Fördermodell« in sich tragen.

Und das Glück?

Kinder können dort glücklich sein, wo sie Freiheit und Grenzen
in einer entwicklungsgerechten Mischung vorfinden. Das gilt es
bei der Förderung zu berücksichtigen. »In der chinesischen Erziehung kommt der Zustand des Glücklichseins nicht vor«, hält
Amy Chua dagegen. Oder, wie in einem chinesischen Erziehungs-
Blog zu lesen war: Im globalen Konkurrenzkampf sei eine am
Glück orientierte Erziehung »nicht effektiv«.

Was für eine plumpe Rechtfertigung für ein rein funktionsori-
entiertes Erziehungssystem! Was, wir können unseren Kindern

kein Glück zugestehen, weil die Wirtschaft eher nach Arbeitstieren verlangt? Unsere Kinder sollen menschlich nicht wachsen dürfen, weil das dem »Wachstum« in die Quere kommt? Weil wir sonst nicht »effektiv« genug sind? Wie viel Glück muss Menschen fehlen, die so eine Behauptung in die Welt setzen können? Wie trist muss ein Weltbild sein, das Wachstumsraten über Lebensfreude stellt?

Was für eine Tragik! Eine Generation, die zunehmend in den besten Lebensjahren mit Burn-out zu kämpfen hat, entwirft für ihre eigenen Kinder einen Lebensweg mit noch mehr Tempo, noch mehr Leistung, noch mehr »Förderung«. Sie funktioniert Kindergärten zu Schulen um, weil sie glaubt, Kinder, die früh Mathe lernen, sind schneller am Ziel.

Moment einmal, an welchem Ziel?

SCHULVERSAGER: WELCHE SCHULE IST GUT FÜR KINDER?

Ein Kind verbringt die Hälfte seiner Kindheit in der Schule. Das mag erklären, warum sich wenigstens in *einem* Punkt alle einig sind: Wer Kinder fördern will, muss ihnen eines bieten – eine gute Schule. Eine Schule also, die die Kinder gut aufs Leben vorbereitet.

Genau damit scheinen Schulen aber ein zunehmendes Problem zu haben. Wer in Deutschland etwa auf die Hauptschule geht, hat es auf dem Arbeitsmarkt einmal deutlich schwerer. Und selbst an den Gymnasien wimmelt es von Kindern, die den Stempel des »Schulversagers« tragen.

Damit stellt sich doch die Frage: Haben unsere Kinder Schulprobleme – oder haben sie Problemschulen?

Die allgemeine Schulpflicht wurde in Deutschland vor gerade einmal etwa 200 Jahren flächendeckend durchgesetzt. Da möchte man meinen, dass einer, der Kinder vor allem aus ihrer evolutionären Vergangenheit verstehen will, hier einmal die Klappe halten sollte. Ich will in diesem Kapitel zeigen, dass das Gegenteil stimmt: Wir müssen Kinder auch in ihrem schulischen Lernen von ihrer Entwicklung her betrachten. Lernen war ja schon immer der entscheidende Teil des menschlichen Programms, und auch Bildung ist ganz sicher keine neue Erfindung – auch die früher gerne als »Naturvölker« bezeichneten Stammesgesellschaften hatten und haben eine reiche Kultur und Bildung.

Also: Wo legen wir den Kindern bei ihrem Lernen an der Schule Hindernisse in den Weg? Wie können wir die Ressourcen besser nutzen, die sie mitbringen?

Welche Schule?

Genau da scheiden sich die Geister. Das Wort »Kuschelpädagogik« hat die Runde gemacht. Michael Winterhoff wirft der Schule gar eine, wie er es nennt, »Bildung-für-Alle«-Mentalität vor und kritisiert, dass auch »schwächere Schüler« die Möglichkeit hätten, ihre Schulkarriere problemlos zu durchlaufen.

Für andere steht die Schule unter dem Verdacht, sie hindere Kinder an ihrer freien Entfaltung oder lege sie auf das (böse) Lebensmodell des Mainstreams fest. Manche wollen die Schule sogar ganz abschaffen und den Unterricht in die (guten) Hände der Eltern legen.

Die Schule ist zwischen die Fronten geraten – die einen wollen mehr Mathe, die anderen mehr Musik. Die einen Ethik, die anderen Eurythmie. Die einen mehr Brecht, die anderen eher Precht.

Welcher Auftrag?

Vielleicht hilft es da, einen Schritt zurückzutreten. Was ist denn der Auftrag der Schule, wenn man es ganz simpel betrachtet? Wem soll die Schule dienen? Den Kindern doch, oder? Die Schule soll ihnen helfen, im Leben zu bestehen, ihre Potenziale zu entdecken und zu entfalten. Kurz: Die Schule ist dazu da, dass sie Kindern bei ihrer Entwicklung hilft – und zwar allen Kindern, wohlgemerkt. Macht sie das? Die Antwort deutet auf ein Dilemma hin: Ja und Nein! Die Schule unterstützt – und versagt. Sie ist sehr gut – und sie ist ungenügend. Und das liegt nicht daran, dass sich die Lehrer zu wenig anstrengen, dass sie zu wenige Ideen bringen oder zu wenig rackern. Das Dilemma liegt am Konzept der Schule. Und an der Gesellschaft, die sich schneller ändert, als ein Kultusministerium Lehrpläne drucken kann.

Veränderte Welt

Ein Drittel der Kinder unter fünf Jahren in Deutschland stammen aus Einwandererfamilien, für viele von ihnen ist die Unterrichtssprache eine Fremdsprache. Die Familie hat an Stabilität verloren, immer mehr Kinder wachsen in alleinerziehenden Haushalten oder Stieffamilien auf. Angst vor sozialem Abstieg ist selbst unter Besserverdienern verbreitet – und sie ist berechtigt: Während in den 1960er-Jahren unter zwei Prozent der deutschen Kinder in sozial prekären Verhältnissen lebten, sind es heute mindestens sechsmal so viele. Die Randbereiche der Gesellschaft dehnen sich aus. Die soziale Frage ist eben nicht Geschichte, sondern starrt uns mitten in der Überflussgesellschaft geradewegs ins Gesicht. Besonders Lehrer an Haupt- und Berufsschulen kennen die dazu gehörenden Lebensgeschichten: Kinder und Jugendliche geplagt von Unsicherheit, Selbstwertproblemen, Bindungsstörungen,

Suchtprobleme – die langen Schatten eines immer größer werdenden Kinder-Prekariats.

Aber das ist nur die eine Seite der Veränderungen. Auch die Sozialisation in der Mitte hat sich gewandelt. Früher waren es vor allem die Familien, die nachbarschaftlichen Zusammenhänge und die Kindergruppen, die der nachwachsenden Generation Brücken ins Leben schlugen. Diese Instanzen haben im Zuge der Globalisierung deutlich an Kraft eingebüßt. Dadurch sind Kindergarten und Schule für die Vermittlung von Selbst- und Lebenskompetenzen umso wichtiger geworden. Wo lernen Kinder heute kochen? Wo lernen sie, ein Fahrrad zu reparieren? Einen Knopf anzunähen? Wo untereinander Interessen auszugleichen? Wo miteinander als Gruppe über sich hinauszuwachsen? Immer öfter heißt die Antwort: Sie lernen es nicht – es sei denn, sie lernen es in der Schule.

Der Schule sind also durch die Hintertür Aufgaben zugewachsen, für die sie mit ihrem traditionellen Bildungskonzept nicht ausreichend gerüstet ist. Zum einen muss sie immer mehr Kinder überhaupt erst einmal fit für die Bildung machen – Schönschrift in Ehren, aber man muss zuerst einmal stillsitzen können und verstehen, was der Lehrer da diktiert.

Zum anderen aber muss die Schule die Kinder stärker auf ihrem Weg ins Leben begleiten – sie muss Aufgaben der Sozialisation übernehmen, die früher anderweitig (im Elternhaus, in der Nachbarschaft, in der Kindergruppe) abgedeckt waren. Ganz banal: Die Schule muss viele Kinder heute nicht nur auf den Beruf vorbereiten, sondern auch aufs Leben. Damit die Schüler da bestehen können, muss die Schule Kompetenzen vermitteln, die über ein »Bestanden« in Mathematik, Englisch oder Erdkunde weit hinausgehen. Der schulische Bildungsauftrag ist klammheimlich durch einen Entwicklungsauftrag ergänzt worden.

Was das bedeutet, spüren zuallererst die Lehrer – mit ihren Bordmitteln können sie die Last der neuen Aufgaben kaum stem-
. Hilft da ein noch besserer Mathematikunterricht? Mehr
ȝe? Didaktische Zaubertricks? In den traditionellen Schul-

fächern ausgebildet, sind sie zunehmend in ganz anderen »Fächern« gefragt: als Sozialarbeiter, Psychologen, Erzieher, Ersatzeltern und Lebenshelfer.

Da hilft nur eines: Die Schule muss sich für ihre neuen Aufgaben rüsten – konzeptionell und personell. Da sind nicht nur Lehrer gefragt, sondern auch Kollegen aus den sozialen Fachgebieten, aus praktischen Bereichen, aus der Sozialarbeit, der Psychologie, Paten, große Brüder, große Schwestern. Da braucht es weniger passives Zuhören, dafür mehr aktives Mitmachen. Da braucht es sinnvolle Aufgaben für die Schüler, Aufgaben, die Selbstwertgefühl und soziale Kompetenz vermitteln, da müssen Kinder vielleicht mehr nach Begabung und Interessen zusammengebracht werden als nach Alter. Da braucht es vielleicht auch mehr Auslauf, mehr Schlaf (wir kommen darauf zurück) und ja – viel Freude am Ausprobieren neuer Ideen!

Denn die Aufgabe ist gewaltig. Und mancher wird fragen: Wenn die Gesellschaft auseinanderbricht – kann die Schule das denn kitten? Können Lehrer die soziale Frage lösen? Alleine sicherlich nicht. Aber wenn die Schule nicht ihren Teil übernimmt und mehr Brücken für die Kinder baut – wie sollen wir es als Gesellschaft dann schaffen?

Und da sind auch die Eltern gefragt. Was uns da noch an Diskussionen bevorsteht, zeigt die Erfahrung in Hamburg, wo ein gut organisierter Teil der Elternschaft mit klar definierten Partikularinteressen eben nicht bereit war, eine langfristig für alle sinnvolle Schulentwicklung mitzutragen. Wer meint, der Weg aus der Misere sei einfach, der macht sich etwas vor. Das Gegenteil ist der Fall: Nicht wenige Eltern hätten mit einer Amerikanisierung des deutschen Schulsystems überhaupt kein Problem – also mit Eliteschulen für die Privilegierten und recht zweifelhaften Schulen für den großen Rest. Da dies langfristig und eindeutig nachweisbar kein haltbares Modell für eine zukunftsfähige Gesellschaft ist, bleibt für mich eigentlich nur die Hoffnung, dass der Schulkampf von Hamburg nicht Schule machen wird.

Zu viele Versager

Sehen wir die Neuorientierung der Schule aber nicht nur als Herausforderung, sondern auch als Chance. Als Chance, eine beklemmende Altlast abzulegen, nämlich ihr längst überholtes methodisches Konzept. Denn auch wenn die Schule sich auf die Fahnen geschrieben hat, Kinder fit zu machen für das Leben – bei einer erschreckenden Anzahl von Schülern erreicht sie das Gegenteil: Sie stempelt sie zu Versagern. Statt »fit« zu werden, nehmen diese Kinder aus der Schule eine Bürde mit ins Leben. »Es gibt Leute, die niemals gelernt haben, ihre wahren Stärken zu finden, weil man sie in der Schule zu lange mit ihren angeblichen Schwächen gequält hat«, sagt dazu Vera Birkenbihl, die Autorin von Stroh im Kopf?

Das faule Ei ist so alt wie die deutsche Schule: Die Leistungsstarken werden belohnt, die (in schulischen Belangen) Schwachen bestraft – durch schlechte Noten, Stress und Angst vor Sitzenbleiben und Versagen. Aber sind das wirklich die richtigen Rahmenbedingungen zum Lernen? Ist das Prinzip der beständigen Benotung, Beurteilung und Auslese in Wirklichkeit nicht eher ein Hemmnis für die kindliche Entwicklung? Ist es richtig, beim Lernen auf Angst zu setzen? Zumindest aus der Neurobiologie hören wir dazu ein ganz klares Nein!

Angst hemmt das Lernen, sie wirkt wie Pattex auf das Denken. Vor allem die schwächeren Schüler lassen sich durch Angst den Wind aus den Segeln nehmen – gerade sie aber könnten beim Lernen Rückenwind gut gebrauchen. Und das nicht nur beim Lernen: Auch für das Selbstbild und die emotionale Entwicklung eines Menschen sind dauerhafte Versagenserfahrungen Gift.

In einer Neuorientierung liegt aber auch eine zweite Chance für die Schulen: nämlich ihre am Defizit orientierte Auslese zu überdenken. Denn anders als gerne behauptet werden die Kinder ja nicht nach ihren Stärken auf die verschiedenen Schultypen verteilt, vielmehr steht der Mangel Pate. Ein Kind kommt nicht ᵢine Hauptschule, weil es in praktischer oder handᵢinsicht besonders begabt ist – es kommt auf die

Hauptschule, weil es schlecht schreiben und schlecht rechnen kann. Unser Schulsystem ist damit nicht auf die oft zitierte Vielfalt der Begabungen ausgerichtet, sondern auf eine Auslese bestimmter, nämlich intellektuell-kognitiver Begabungen (und die spiegeln noch oft genug einen zeitweiligen Entwicklungsvorsprung mancher Kinder wider).

Auseinanderdriftende Geschlechter

Die Kosten einer nicht auf die kindliche Entwicklung zugeschnittenen Schule trägt letztlich die Gesellschaft. Jedes Kind, das durch die Maschen der Schule fällt, fällt leichter durch die Maschen der Gesellschaft. Das spüren heute zuallererst die Jungs. Ihr Anteil an den Abiturienten sinkt unaufhaltsam und liegt schon seit vielen Jahren unter dem der Mädchen. Entsprechend steigt ihr Anteil in den Hauptschulen.

Nun sind Jungs nicht weniger intelligent als Mädchen, wo liegt also das Problem?

Sicher nicht nur daran, dass Jungs vor allem von Frauen unterrichtet werden. Nach der Iglu-E-2001-Studie hängen bei den Viertklässlern weder die Leistungen der Mädchen noch die der Jungen davon ab, welches Geschlecht der Lehrkörper hat. Eher schon scheint die Misere darin zu liegen, dass die Art des schulischen Lernens den Neigungen von Mädchen eher entspricht als denen der Jungs – Mädchen sind bei den in der Schule geforderten Aufgaben leistungsbereiter, fleißiger und ehrgeiziger als Jungen und sie bringen in sozialer Hinsicht auch zunächst mehr Kompetenz auf. Jungs dagegen haben mit ihrer höheren Impulsivität zu kämpfen, und auch ihr insgesamt stärkerer Bewegungsdrang macht das Leben in einer Schule nicht leichter. Dazu kommt, dass das Entwicklungstempo der Jungen eine Zeit lang hinter dem der Mädchen hinterherhinkt (gerade im sprachlichen Bereich, aber auch bei den sozialen Fähigkeiten).

Und dann kommt noch ein besonders schwerwiegendes Handicap dazu: Jungs tun sich in den ersten Schuljahren mit der Ordentlichkeit im Schnitt schwerer, und dafür werden sie gnadenlos abgestraft – die gute Heftführung gilt in vielen deutschen Klassenzimmern noch immer als Ausdruck von Hochbegabung. Kurz: Jungs werden in der heutigen Schule vor allem mit ihren Schwächen konfrontiert. Mit ihren Stärken fahren sie gegen die Wand. Das ist, wenn man den eigentlichen Geschäftszweck der Schule betrachtet, eine Bankrotterklärung.

Angst in der Pädagogik?

Die Erziehungsideale der Eltern haben sich in den letzten ein bis zwei Generationen deutlich verändert. Eltern fördern heute bei ihren Kindern soziales Verhalten, Fairness und Teamgeist. Sie unterstützen das Selbstwertgefühl ihrer Kleinen, sie fordern aber auch schon von kleinen Kindern Mitgefühl und Verständnis für die Bedürfnisse der anderen (man denke nur an die eindringlichen Plädoyers auf Spielplätzen, das Schäufelchen zu teilen).

Und dann schicken sie ihre Kinder auf Schulen, die in ihrer Zielsetzung diesen Werten diametral entgegengesetzt sind. In Schulen, die die Schüler systematisch in Sieger und Verlierer einteilen, die die Überlegenen auszeichnen und die Unterlegenen brandmarken (ein unschöner Begriff, aber wer sich einmal in die Köpfe und Herzen der Kinder eindenkt, wenn in der dritten und vierten Klasse mit den Schulempfehlungen auch Karten fürs Leben verteilt werden, wird den Begriff weiter verwenden). Auch sieht ein großer Teil der deutschen Eltern die Schulerfahrungen ihrer Kinder insgesamt als negativ an. Die Neuorientierung der Schule ist also auch eine Chance, endlich die Angst als Mittel der Pädagogik in ihr Endlager zu schicken.

Entwicklungsgerechte Schule?

Wer müde ist, lernt schlecht. So steht es in jedem Lehrbuch der Kognitionsforschung. Da wäre zu erwarten, dass ein Betrieb, dessen Geschäftszweck das Lernen ist, der Müdigkeit den Kampf ansagt. Auch die Lehrer sehen Handlungsbedarf, sie klagen schon lange darüber, dass vor allem die älteren Schüler morgens müde und damit wenig aufnahmefähig sind.

Heute wissen wir, dass die Müdigkeit bei älteren Schülern entwicklungsbedingte Gründe hat – mit dem Beginn der Pubertät verschiebt sich der Biorhythmus der Kinder. Unabhängig davon, wann diese abends ins Bett gehen, sind sie morgens abgeschlagen und können sich schlecht konzentrieren. Studien haben gezeigt, dass bereits eine Verschiebung des Unterrichts um eine halbe Stunde nach hinten die Schüler lernfähiger und engagierter macht. Sie schwänzen dann auch seltener die Schule.

Was läge also näher, als die Schule an die biologischen Bedürfnisse der Lernenden anzupassen und morgens später mit dem Unterricht zu beginnen? Hören wir uns einmal an, was der inzwischen abgewählten Kultusministerin von Baden-Württemberg dazu einfällt, einem Bundesland, das im europäischen Vergleich mit den frühesten Schulbeginn hat: »Dem Kultusministerium ist bekannt, dass wissenschaftliche Studien aus der Biorhythmus- und Schlafforschung bei Jugendlichen eine zeitliche Verschiebung der Schlafphase nach hinten feststellen, und zwar unabhängig von der Abendgestaltung bzw. dem Zeitpunkt des Zubettgehens.« Und weiter: »Trotz dieser Forschungsergebnisse liegen dem Kultusministerium bislang keine Rückmeldungen aus der schulischen Praxis vor, die eine landesweit einheitliche und damit verbindliche Festlegung des Unterrichtsbeginns auf einen späteren Zeitpunkt als notwendig erscheinen lassen.«

Wie lange können sich Schulen eine solche Arroganz noch leisten? Ja, wie lange können wir uns als Gesellschaft noch leisten, bei der Bildung unserer Kinder deren Entwicklung außer Acht zu lassen?

Diese Frage gilt ebenso für andere Forderungen, wie etwa die, dass Schüler mehr Bewegung brauchen – auch das ist von der Lernforschung gut belegt. Dennoch sieht die Realität an den Schulen heute nicht anders aus als vor hundert Jahren, als noch ein großer Teil der Kinder mehr als genug Bewegung im Alltag hatte. Bewegte Schule, Bewegungspausen im Unterricht – wo ist das je über das Stadium eines Modellprojekts hinausgekommen?

Und wie sieht es mit dem schulischen »Stoff« aus? Wo wird da der Bezug auf die kindliche Entwicklung ernst genommen? Nach den Ergebnissen der Bildungsforschung sind in der 7. bis 10. Klasse nur kümmerliche Lernzuwächse beim herkömmlichen Lernen zu verzeichnen, gerade die besseren Schüler stagnieren. 40% der Schüler machen zwischen dem 9. und dem 10. Schuljahr überhaupt keinen Fortschritt mehr im Fach Mathematik – quer durch alle Schultypen.

Wir sollten diesen Stillstand beim passiven Lernen als Signal erkennen! Wäre es nicht an der Zeit, den Kindern, die nun eben keine Kinder mehr, sondern Jugendliche sind, mehr Raum zu geben für eigene Aktivitäten – für Aktivitäten, die sie selbst als sinnvoll begreifen können? Sie mit eigenen Projekten die Welt bewegen zu lassen? Wäre es nicht eine Chance, gerade in dieser Altersstufe andere Lernformen – soziales Lernen, praktisches Lernen, Lernen, bei dem sich die Schüler als nützlich und kreativ erleben – mit zu integrieren? Warum sollen Schüler nicht auch einmal im Kindergarten nebenan mitarbeiten? Was gäbe es da nicht alles zu lernen und zu erfahren: die Zuwendung zu kleinen Kindern, Empathie, die Anerkennung als großer Bruder und Gefährte, gemeinsames Kochen und Spielen und Gestalten des Alltags – alles Erfahrungen, die heute für viele Kinder auf anderen Wegen gar nicht mehr erlebbar sind.

Denn im Grunde sitzen Jugendliche auf der Schulbank ja auch ... Entwicklungsfalle. Sie sind begeisterungsfähig, ihr ...ystem sucht wie wild nach Erfolgserlebnissen – und ...n doch keine neue, aus der »Hörigkeit« des Kindes ...e Rolle geboten.

Die Zukunftsfrage

Alle sind sich einig. Die Schule soll Kindern helfen, sich zu entfalten. Allen Kindern. Aber sie kann es nicht. Und sie kann es selbst dann nicht mehr, wenn man sie an ihrem eigenen Anspruch misst. Die gesetzten Bildungsziele lassen sich ja längst nur noch mit Hilfe einer milliardenschweren, immer größer werdenden privaten Nachhilfe-Industrie erreichen. Das hat sich mit der Einführung von G8 noch verschärft. Noch bedenklicher: Selbst das Leistungsprinzip funktioniert nicht mehr. Der Bildungserfolg in Deutschland hängt nicht etwa am stärksten mit Begabung oder mit Anstrengung zusammen – sondern mit der sozialen Herkunft des Schülers. Wer hat, dem wird gegeben. Aber die, die es am meisten brauchten – Schüler aus armen Familien, Schüler aus Einwandererfamilien, Schüler mit Lernproblemen wie etwa einer Lese-Rechtschreib-Schwäche –, profitieren von der Schule am wenigsten. Das ist Sprengstoff für eine Gesellschaft, die sich eigentlich auf das Versprechen der demokratischen Gleichberechtigung gründet.

Die Schule ist im wahrsten Sinn des Wortes zu einem Sozialfall geworden. Will unsere Gesellschaft eine Zukunft haben, dann muss sie integrieren, sie muss soziale Nachteile ausgleichen, und sie muss aufs Leben vorbereiten – selbst wenn der ursprüngliche Geschäftszweck ihres Schulsystems einmal auf Bildung lautete. Schule und kindliche Entwicklung zusammenzudenken ist zu einem gesellschaftlichen Imperativ geworden.

LÜGEN ÜBER DIE ELTERN – UND ÜBER DAS ELTERNSEIN

Weltwirtschaftsforum Davos 2011. Die Mächtigen und Einfluss-reichen dieser Welt strömen aus aller Herren Länder in das Alpen-städtchen, um einmal das große Ganze zu beraten. Auf der Tagesordnung steht nichts Geringeres als die Zukunft der Indus-trienationen. Der Finanzchef der Versicherungsgruppe Allianz, Paul Achleitner, fasst die Aufgabe zusammen: »Wir Deutsche wer-den immer älter und immer weniger. Um unseren Sozialstaat dauerhaft finanzieren zu können, brauchen wir mehr Kinder, mehr Einwanderer und mehr Frauen, die arbeiten.«

Da könnte man meinen, dass jetzt alles unternommen wird, um den Frauen, Eltern und Familien den Rücken zu stärken, damit sie diese herkulische Aufgabe auch schultern können. Genau das Gegenteil ist der Fall. Eltern werden systematisch geschwächt.

Heilig und schuldig

Das beginnt schon mit ihrer schizophrenen Rolle in der Gesellschaft. Wenn von Eltern die Rede ist, dann sind sie Heilige. Oder sie stehen am Pranger. Dazwischen gibt es nichts.

Als Karl Theodor zu Guttenberg sich für seine zusammengeklaute Doktorarbeit zu entschuldigen hatte, holte er schnell den Heiligenschein raus – in Form des »jungen Familienvaters«, der er damals war. Man wird ja wohl eine Abkürzung nehmen dürfen, damit man rasch wieder mit den Kindern spielen kann, oder?

Auch die Psychologie glaubt an die große Nummer. »Wenn Sie Ihren Job richtig machen«, so die zentrale Botschaft an die Eltern, »wird ein glückliches und selbstbewusstes Kind dabei herauskommen«, so die britische Psychologin Penelope Leach in einem ihrer Elternratgeber.

Auf der anderen Seite dann der lange Finger – unerbittlich auf die Eltern gerichtet, wenn die empfohlene »Spezialmixtur aus Liebe, Grenzen und erzieherisch wertvollem Spielzeug« eben nicht so richtig funktioniert. Das erste, was ein Angeklagter vor Gericht gefragt wird, ist, wie denn seine Beziehung zur Mutter ausgesehen hat. Auch in der Erziehungsdiskussion sitzen die Eltern bleischwer auf der Anklagebank – sie investierten zu wenig, seien selbst unreif oder benutzten ihre Kinder zur Frustbewältigung, nach dem Motto: »Wenn mich in der Welt schon keiner

liebt, dann muss es wenigstens mein Kind tun«, wie Michael
Winterhoff meint.

Zwischen diesen Extremen liegt das echte Leben. Da starten
Frauen und Männer mit hohen Idealen in das, was in den Maga-
zinen als das letzte Abenteuer der Menschheit dargestellt wird –
die Elternschaft. Und erleben dann nicht selten eine schwere
Ernüchterung, manchmal sogar eine Lebenskrise. Hebammen berichten, wie häufig die Familiengründung heute als Zeit der Unsicherheit, der Isolation, ja der Selbstentwertung erlebt wird. Der
in den Ratgebern so gut ausgeschilderte Weg ins Familienleben ist
in Wirklichkeit oft mit negativen Geburtserfahrungen, Stillprob-
lemen, Wochenbettdepressionen und Selbstzweifeln gepflastert.

Das schreit aus evolutionärer Sicht nach einer Erklärung. In
dieser Lebensphase, in der es ein komplett abhängiges Lebewesen
zu versorgen gilt, braucht eine Mutter ihre ganze Kraft. Als Zeit
für Lebenskrisen kann die Familiengründung nicht gedacht sein.

Warum ist der Übergang dann heute so schwierig?

Mythos Intuition

Die Erwartungen sind unrealistisch. Unser Mutterbild beruht auf
einer kulturellen Lüge: Frauen seien geborene Mütter – ohne
Wenn und Aber. Was es braucht, um ein Kind zu versorgen, das
trügen Frauen (die Männer neuerdings auch ein bisschen) in
sich. Und so beginnen nicht wenige Frauen die Familienphase
mit der festen Überzeugung, dass sie das eigentlich draufhaben
sollten. Sie verlangen ganz tapfer das von sich, was die Gesellschaft von ihnen erwartet: dass sie rechtzeitig zur Geburt das ur-
alte Wissen anzapfen, das in jeder gesunden Frau schlummert, im
Bauch, im Kopf oder in den Brüsten.

Das gehört ja zum ewigen Kreis der Natur, oder? Kaum ein Lämmchen kann sich über seine Mutter beklagen. Auch wer eine Hauskatze hat, sieht ja, wie genau die Katzenmama weiß, was da zu tun ist. Warum nur fühlt sich das Leben mit einem Baby oft so *gar nicht* nach Mutterschaf und Lämmlein an, so gar nicht selbstverständlich, natürlich und locker?

Das liegt an einer Tatsache, die leider systematisch verschwiegen wird, weil sie nicht in das seit Generationen kultivierte Mutterbild passt: Es gibt dieses automatische Wissen beim Menschen nicht. Selbst bei den Tieren ist es in Wirklichkeit ein bisschen komplizierter. Denn komplett im Blut liegt das Elternsein nur den niedrigen Tierarten. Je komplexer das Leben einer Tierart, je vielfältiger die Umwelt, in der die Kleinen einmal klarkommen müssen, desto weniger ist das mütterliche Verhalten fest über Instinkte einprogrammiert. Beobachtet man etwa Affenmütter in modernen Zoogehegen beim Umgang mit ihren Kleinen (Väter spielen hier nur bei wenigen Affenarten eine Rolle), so zeigen sich schon gleich nach der Geburt erhebliche Unterschiede: Manche Mütter wissen sofort, was zu tun ist – etwa wie sie das kleine Bündel an ihren Körper nehmen, wie sie es stillen und beruhigen müssen. Andere sind erst einmal ratlos. Ein Gorilla-Weibchen versuchte sogar ihr Kind mit dem Hinterkopf voraus an ihre Brust zu drücken! Oft zeigen solche »inkompetenten« Mütter sogar regelrecht Angst vor dem neugeborenen Kind, manche benehmen sich auch aggressiv und beißen ihr Neugeborenes.

Durch systematische Beobachtungen und Experimente mit unterschiedlichen Aufzuchtbedingungen wissen Primatenforscher heute, was vonnöten ist, damit etwa eine Schimpansenmutter »kompetent« wird. Wichtig ist da zum einen die eigene Kinderstube. Schimpansinnen, die selbst gute, kompetente Mütter hatten, sind später mit größerer Wahrscheinlichkeit ebenfalls gute Mütter. Zum Zweiten aber bedarf es der Erfahrung. Nimmt man einer Schimpansin die Möglichkeit, in ihrer Kindheit und Jugend mit Schimpansenbabys zu spielen, so findet sie später zu ihrem eigenen Kind keinen Draht.

Tatsächlich ist das Mutter-Spielen die absolute Lieblings-beschäftigung wild aufwachsender Schimpansenmädchen. Sie schwirren gerne um die Schimpansenmütter herum und versuchen diesen ihre Babys »abzuschwatzen«. Dazu lausen sie die Mutter so lange, bis sie ihnen ihr Baby zum Spielen überlässt. Die stolzen Mädchen versorgen ihren Schatz dann hingebungsvoll, wie sie es von den Großen kennen, so lange es nur geht. Und beim Menschen? Da spielt Erfahrung ganz sicher auch eine wichtige Rolle. Studien zeigen, dass Menschenmütter, die schon Erfahrung mit kleinen Kindern mitbringen (etwa weil sie in einem entsprechenden Beruf arbeiten oder mit einem jüngeren Geschwisterkind aufgewachsen sind), von vornherein fein-fühliger mit ihrem ersten eigenen Säugling umgehen können. Für Männer gilt dasselbe, auch sie können sich durch Erfahrung besser auf ihren Nachwuchs einstellen. Man kann das Leben mit einem Baby also tatsächlich als eine Art Kunst sehen – Übung macht den Meister.

Das Üben war bis in die jüngste Zeit in den Lebensweg eines Homo sapiens eingebaut – insbesondere Mädchen und junge Frauen waren ja ziemlich regelmäßig von Babys umgeben. Da wird der stressfreie Umgang mit den kleinen Geschöpfen sozusagen per Osmose erlernt. »Pass doch mal kurz auf meinen kleinen Benjamin auf, solange ich …« und schwupps bekommt man eine Lektion. Und die passende innere Belohnung dazu. Denn auch Menschenkinder – vor allem die Mädchen – fühlen sich zu kleinen Kindern hingezogen. Der Umgang mit kleinen Kindern macht ihnen Freude.

Heute müssen solche Erfahrungen oft genug in einer Art Crash-kurs am eigenen Kind nachgeholt werden – und das dummer-weise in der Zeit nach der Geburt, in der sowieso alles auf dem Kopf steht. Der Stoßseufzer der Ratgeber-Autorin Jan Hunt ist da nur allzu verständlich: »Wenn ein Baby nur allmählich auftauchen könnte! Sagen wir eine Stunde am ersten Tag, dann zwei am nächsten, und so weiter …«

Die steile Piste

Weil die Erfahrung eine so prominente Rolle spielt, wurde der Umgang mit einem Baby auch mit Skifahren verglichen. Was Eltern nach der Geburt eines Kindes erwartet, ist ja tatsächlich im Grunde nichts anderes als eine schwarze Piste. Wer da runter will, hat Angst. Und zwar zu Recht:»Ein Mensch, der kaum einen Goldfisch am Leben halten kann, fragt sich, wenn er auf einmal sein eigen Fleisch und Blut in den Armen hält, mit einiger Berechtigung, auf was er sich da eingelassen hat«, so der niederländische Biologe Midas Dekkers. Und der berechtigt angstvolle Mensch kann in noch so viele Buchläden rennen und sich in Ratgebern das nötige Wissen zusammensuchen – schwarze Piste bleibt schwarze Piste. Wer noch nie auf Brettern gestanden hat, hat von guten Ratschlägen gar nichts.»In scharfen Kurven das Gewicht ganz locker auf die Außenkanten der Skier verlagern ...« – das ist ähnlich hilfreich wie»Beim Stillen das Baby am Hinterköpfchen unterstützen und langsam zur Brustwarze führen«.

Nun ist der Vergleich mit dem Skifahren schon etwas krass. Jeder, der zum ersten Mal eine Piste runter will, fällt auf den Hosenboden. Das ist beim Elternwerden nicht ganz so schlimm. Auch Mütter und Väter mit wenig Erfahrung schlagen sich oft ganz passabel, das zeigen tagtäglich Tausende frischgebackener Eltern. Es läuft am Anfang vielleicht noch nicht filmreif, aber man fängt sich dann doch mit der Zeit. Der Mensch setzt eben auch beim Elternsein auf das Erfolgsrezept seiner evolutionären Geschichte: auf das Lernen. Tatsächlich kommen selbst»erfahrene« Paare um dieses nachgeburtliche Lernen nicht herum – auch die beste Vorbereitung und Erfahrung mit den Babys anderer sind keine Garantie, dass dann mit dem eigenen Kind alles klappt.

Und was von dem Lernpensum nicht vor der Familiengründung abgeleistet werden kann, kann»on the job« durchaus nachgeholt werden – auch wenn das schon manchmal den Schweiß auf die Stirn treibt.

Jeder Mensch, der ein Baby bekommt, muss weiter lernen!

Auch dabei haben wir Rückenwind aus unserer evolutionären Vergangenheit. Nein, nicht die automatischen »Mutterinstinkte« – die sind irgendwo zwischen Eichhörnchenmutter und Menschenmutter verlorengegangen. Aber wir haben immerhin ein intuitives Lernprogramm, das uns den Umgang mit einem Baby erleichtert (zumindest wenn die Bedingungen stimmen, zu dieser Gemeinheit gleich mehr). Dieser Lern-Turbo hilft uns, dass wir uns im Umgang mit einem Säugling nicht danebenbenehmen – wir bewegen uns zum Beispiel intuitiv langsamer und vorsichtiger, wenn wir uns einem Säugling nähern. Unsere Stimme verfällt in eine Art Singsang, und unser Gesicht schneidet plötzlich Grimassen, um dem Baby unsere Gefühle zu vermitteln. Videoaufnahmen zeigen, dass wir selbst da, wo wir nicht direkt mit dem Baby reden, unbewusst auf dessen Signale eingehen – und dabei mit unseren Reaktionen immer in einem an die Wahrnehmungsfähigkeit des Babys angepassten Zeitfenster von unter einer Sekunde bleiben! Damit geben wir dem Baby beständig Resonanz und immer neue Gelegenheiten, sich selbst in unserem Spiegel zu erfahren. Das hilft uns, dem kleinen Menschen gegenüber rasch feinfühlig zu werden.

Nun aber folgt das Kleingedruckte. Dieses intuitive Elternprogramm, wie es auch genannt wird, ist kein Selbstläufer. Es liegt irgendwo auf unserer Festplatte, aber es läuft nur dann wirklich ruckelfrei, wenn die Bedingungen stimmen.

Welche Bedingungen?

Moderne Hindernisse

Mit dieser Frage landen wir mitten in einer tragischen Entwicklung. In einer Entwicklung, die letzten Endes auch erklärt, weshalb sich heute immer weniger Paare für Kinder entscheiden können. Denn all die Bedingungen, von denen hier zu sprechen sein wird, haben eines gemeinsam: Sie sind Auslaufmodelle. Sie passen nicht ins Programm des modernen Lebens, sie sind unter Druck geraten oder auch mutwillig geopfert worden.

Nehmen wir die Erfahrung, die Vorübungen für die Piste. Die Erfahrung hilft den frisch gebackenen Eltern, dass sie sich in der Anfangszeit sicherer fühlen können und nicht von Angst, Sorgen und Bedenken gelähmt werden. Jedem, der Kinder haben will, ist dieser Mutmacher zu wünschen – und doch ist er heute immer seltener im Angebot. Das erste Baby, das in unseren Armen landet, ist tatsächlich oft unser eigenes.

Aber auch ein zweiter Helfer schwächelt, der den Start als Familie erleichtert – nämlich der Aufwind aus dem Alltag. Das klingt nach Thermik, Luftwirbeln und ausgespannten Flügeln. Und genau das ist gemeint.

Die Kompetenzkette

Der Weg ins Familienleben führt über Sturzbäche von Hormonen, Schlaflosigkeit, Berge von Wäsche und Berge von Zweifeln – die erste Zeit mit einem Baby ist die anstrengendste Zeit, mit der das Leben aufwarten kann. Dass wir nicht untergehen, liegt an einem von der Natur vorgesehenen Gegenprogramm, das Kräfte mobilisiert – einem Engelskreis der kleinen Schritte. In einem sich selbst verstärkenden Prozess gibt nämlich jeder gelungene Schritt Kraft und Sicherheit. Das lässt den nächsten Schritt leichter werden. Eine gute Geburt gibt Selbstvertrauen. Das wiederum erleichtert die Kommunikation mit dem kleinen Wesen – das scheue intuitive Elternprogramm erwacht zum Leben. Mit der so gewonnenen Feinfühligkeit kann die Mutter ihr Kind besser beruhigen – wieder ein Erfolgserlebnis und wieder ein bisschen weniger Stress im Familienkessel. In diesem Aufwind klappt auch das Stillen besser, der Austausch in Nähe und Gelassenheit – eine weitere Stärkung für den Weg. Und so kann es weitergehen, trotz Schlaflosigkeit, Wäschebergen und Co. …

Besonders zwei Glieder dieser Lern- und Erfahrungskette sind bemerkenswert, nämlich das emotionale Glied und das soziale Glied.

Auf der emotionalen Seite wird immer deutlicher, welche wichtige Rolle allein schon die körperliche Nähe zum Kind spielen kann. Experimente zeigen, dass durch Hautkontakt sowohl beim Baby als auch bei der Mutter stressabbauende Hormone ausgeschüttet werden. Das machen sich zum Beispiel Hebammen und Stillberaterinnen zunutze – klappt das Stillen nicht, so wirkt ein einfaches Rezept oft Wunder: alle Beteiligten bis auf die Haut auszuziehen. Selbst das Lernen scheint durch die unmittelbare Nähe leichter zu fallen. Neugeborene etwa prägen sich Gerüche besser ein, wenn sie nackt bei der Mutter liegen als wenn sie bekleidet sind. Untersuchungen zeigen zudem, dass die Feinfühligkeit der Mutter gegenüber dem Kind allein schon dadurch zunimmt, dass sie ihr Kind häufiger am Körper trägt.

Und das soziale Glied? In praktisch allen ursprünglichen Kulturen wächst die Frau durch die Geburt stärker in den »Stamm« hinein, ihre Rolle wird gestärkt, sie erfährt Wertschätzung und Unterstützung – sozialer Rückenwind mitten aus der Gesellschaft. Und was für ein Aufwand da betrieben wird! Rituale, bestes Essen, Gebete und vor allem viele, viele helfende Hände. Wer hierzulande mit schlechtem Gewissen eine Haushaltshilfe für die ersten paar Tage nach der Geburt beantragt, sollte einmal die Berichte des Ethnologen Wulf Schiefenhövel lesen, wie reich und behütet das Wochenbett bei den Trobriand-Inselbewohnern in Neuguinea aussieht. Auch heute noch braucht eine neue Mutter ihren »Stamm«. Soll sie ein Kind wirklich tragen können, braucht sie selbst ein tragendes Netz. Heute hat sich der Stamm jedoch vom Acker gemacht, er überweist jetzt zwar ein Elterngeld, aber die Hilfe, die eine junge Mutter spürt, die ist auch heute noch ganz konkret. Und gerade daran hapert es.

Die Tragödie ist damit vorprogrammiert: Eine zur Aufzucht ihres Nachwuchses so dringend wie keine andere Art auf Helfer angewiesene Spezies hat ihre sozialen Netze und Bindungen radikal beschnitten und macht stattdessen auf Individualismus. Das kann nicht gut gehen. Nichts führt da an einer Rückbesinnung auf ein artgerechtes Leben vorbei: Wer Kinder haben will, braucht Helfer. Am Lebensanfang gilt das noch radikaler als zu jeder anderen Zeit.

Bruchgefahr

Die Glieder der elterlichen Kompetenzkette stehen heute schwer unter Zug. Ja, manchmal zerbricht die sichernde Kette bereits am Anfang – aus den eigentlich vorgesehenen Engelkreisen werden dann Teufelskreise.

Das beginnt schon mit der Geburt – da kommt aus dem Kreißsaal oft nur Gegenwind. Immer mehr Mütter verlassen das Krankenhaus in dem Glauben, sie verdankten die Geburt ihres Kindes einem Wehentropf, einem Dammschnitt, dem medizinischen Personal ... Aber nicht sich selbst. Der Start in den neuen Lebensabschnitt findet in einer fremden Umgebung unter »wissenden« Fremden statt. In vielen Krankenhäusern darf die Mutter ihr Baby nicht einmal auf dem Arm tragen, sondern muss es in einem Plastikcontainer durch die Gänge schieben. 200.000 Jahre, nachdem die ersten Homo-sapiens-Frauen ihre Kinder durch die afrikanische Savanne trugen, traut man ihr offensichtlich nicht einmal zu, dass sie ihr Baby nicht fallen lässt. Die klinische Ängstlichkeit überträgt sich auf das mütterliche Selbstbewusstsein. Das Stillen fällt schwerer, die Heultage sind grauer, das Baby unruhiger – die Lernkette ist abgerissen.

Dazu tragen auch die Experten ihren Teil bei. Die ersten Tage im Leben mit ihrem Kind ist die Mutter vor allem eines: Patientin. Nicht sie ist die Expertin im Leben ihres Kindes, sondern das Personal – und das weiß alles: dass man einem Baby neuerdings kein

Mützchen mehr aufziehen darf (Gefahr der »Überhitzung«), wie das Kleine zu schlafen hat (in vielen Kliniken ist das Schlafen bei der Mutter schlicht und einfach *verboten*), wie das mit den Brustwarzen ist (in der einen Klinik sind Stillhütchen gut, in der anderen schlecht), wie man ein Baby beruhigt (»Sehen Sie, es klappt doch«). Täglich Temperatur messen, wiegen, die Brust inspizieren. Viele Mütter verlassen das Krankenhaus komplett abhängig, verängstigt und entmündigt – angesichts des offensichtlich nur mit einem Medizinstudium zu bewältigenden (aber anscheinend lebensrettenden) Wissens um den richtigen Umgang mit dem kleinen Wesen ist die Abgabe von Verantwortung eine nur allzu verständliche Reaktion. In diesem Netz der Wissenden, das viel von Krankheiten versteht, aber nur wenig von dem ganz normalen Leben mit einem Baby, werden die Mütter noch lange zappeln.

Auch nach der »Entlassung« ist es ein langer Weg, bis aus der bedürftigen Mutter die Königin wird, die sie in ihrem neuen Leben eigentlich sein sollte. Jetzt ist sie erst mal »nur Mutter«. Noch krasser der Bruch, wenn sie vorher im Beruf verankert war, als Expertin anerkannt und geschätzt – jetzt findet sie sich als von ihren bisherigen Aufgaben freigestellte Babypäuslerin wieder.

Warum der Elternführerschein NICHT die Lösung ist

Steifer Gegenwind, so könnte man es zusammenfassen: erschwerte Bedingungen beim Familienstart, wenig Hilfen aus dem Fundus der Natur, und auf den »Stamm« scheint nach der Geburt auch kein Verlass.

Ja, und wirklich gut bezahlt ist der Job auch nicht.

Da fällt der Politik schon seit Längerem eine Lösung ein: Stärkung der Eltern durch professionelle Unterrichtung. »Wir lehnen es auf das Entschiedenste ab, dass jeder Mensch glaubt, erziehen zu können, ohne es je erlernt zu haben«, so drückte es Hildegard Hetzer, eine der Super-Nannys der NS-Zeit, schon damals aus. Und auch heute soll wieder ein Ruck durch die Elternschaft gehen. Da können Elternschulungen helfen (selbst notorisch klamme Länderkassen übernehmen die Kosten). Wer nicht außer Haus gehen will, kann es – ausnahmsweise – auf eigene Faust versuchen, dann aber mit vollem Einsatz: »Mütter müssen zur lebenden Schallplatte werden von morgens bis abends. Sonst werden die Nervenzellen [des Kindes] nicht trainiert«, meint Michael Winterhoff.

Aus Sicht der Evolution wird der Druck auf die Eltern seine Wirkung verfehlen. Eltern sind wichtig. Aber sie können den Wind allein nicht drehen.

Das Elternbild der Evolution

Es braucht ein Dorf, um Kinder zu erziehen, dieses afrikanische Sprichwort beschreibt das evolutionäre Arrangement beim Menschen treffend. Allein sind die Eltern aufgeschmissen, allein müssen sie scheitern.

Das ergibt sich aus der evolutionären Lebensstrategie der menschlichen Art. Verglichen mit anderen Tierarten sind Menschenjunge ungewöhnlich groß, und sie sind ungewöhnlich hilflos. Ja, sie sind im Grunde viele Monate lang schwer behindert – sie können zunächst ja nicht einmal den Kopf heben. Was ein Fohlen nach nur wenigen Minuten schafft, nämlich selber laufen, erlernt das Menschenkind erst nach einem Jahr oder noch später! Natürlich hat der Start als idealisierter Fötus einen Sinn: Der evolutionäre Vorteil des Menschen ist sein großes Gehirn. Leider aber passt dieses nur in einer Kleinausgabe durch den mütterlichen Geburtskanal. Denn als sich der Urmensch vor ein paar Millionen Jahren auf die Hinterbeine stellte, brachte ihm das zwar erhebliche Vorteile, aber auch einen entscheidenden Nachteil. Das Becken konnte jetzt aus Gründen der Stabilität nicht immer weiter in die Breite wachsen. Weil der Ausstieg also klein zu bleiben hatte, musste der immer intelligenter und großköpfiger werdende Mensch in einem immer unreiferen Stadium auf die Welt kommen: Homo sapiens bestreitet seit mindestens 200.000 Jahren immerhin 75% seines Hirnwachstums außerhalb des Mutterleibs und ist damit auf die beständige Unterstützung durch seine Erwachsenen angewiesen – und das immerhin etwa ein Viertel seines Lebens lang!

Und genau das ist der Grund, warum es die Mutter allein mit ihrem Nachwuchs niemals schaffen kann. Sobald ihr Neugeborenes auch nur die Augen auftut, nimmt es schon zwei Hände in Beschlag: zum Tragen, zum Stillen, zum Beruhigen. Und wenn es dann einmal aus dem Gröbsten raus ist, rundet sich garantiert wieder der Bauch der Mutter – auch das ein evolutionärer Sonderweg der menschlichen Art. Bei den allermeisten Säugetieren nämlich stellt sich weiterer Nachwuchs erst dann ein, wenn das vorige Kind selbstständig geworden ist.

Das kooperative Aufzuchtmodell

Damit stehen wir vor einer extrem schweißtreibenden Tatsache. Das Menschenkind ist das »teuerste«, das bedürftigste aller Lebewesen! Ein zuckersüßer Pflegefall. Wenig verwunderlich, dass Biologen den Menschen zu den »kooperativ« oder »kommunal« aufziehenden Arten rechnen, also zu den Arten, bei denen der Nachwuchs nicht nur von den eigenen Eltern, sondern auch von weiteren Helfern mitversorgt wird – in diese Kategorie fallen etwa drei Prozent der Säugetiere, darunter zum Beispiel Wölfe, Wale oder Löwen. Und auch hier ist der Mensch führend.

Die kooperative Ausrichtung des Menschen in Sachen Kinderaufzucht lässt sich sogar mathematisch nachvollziehen. So hat der Evolutionsbiologe Hillard Kaplan berechnet, dass ein Kind in den ursprünglichen Jäger- und Sammlerkulturen mit etwa 13 Millionen Kilokalorien unterstützt werden musste, um es bis ins Erwachsenenalter zu schaffen – weitaus mehr als Papa und Mama allein hätten beibringen können. Auch das menschliche Bindungssystem ist auf »Helfer an der Wiege« eingestellt – anders als etwa bei Schimpansen oder Gorillas kann sich ein Menschenbaby an mehrere Versorgungspersonen binden, die sich regelmäßig und verlässlich um sein Wohl kümmern.[11]

Wer waren die Helfer üblicherweise? Mit Blick auf die Menschheitsgeschichte stechen da vor allem die Großmütter heraus, und da besonders die Großmütter mütterlicherseits. In vielen Jäger- und Sammlerpopulationen bedeutet die Anwesenheit einer »Mutter-Mutter« ein deutliches Plus im Ernährungszustand der Kleinen. Aber auch ältere Geschwister waren Helfer, und da besonders die Schwestern.

Auch Nicht-Verwandte halfen bei der Kinderbetreuung. So ist etwa von den Efe in Zentralafrika bekannt, dass die Kleinen von mehreren Frauen gestillt werden, solange die Mutter beim Sammeln abseits des Lagers ist. In manchen Gebieten Mittel- und Südamerikas spielen auch männliche Helfer eine wichtige Rolle. Dort wird angenommen, dass ein Kind aus dem Samen all der Männer entsteht, mit denen die Mutter während der Schwangerschaft Verkehr hatte – diese »sozialen Väter« unterstützen das Kind dann tatsächlich auf seinem Entwicklungsweg. Der polygame Beziehungsstil (der in den meisten menschlichen Kulturen überwiegt und wohl immer überwogen hat) hat durchaus seine praktischen Seiten.

Und die echten Väter? Die Verhaltensforschung beschreibt viele ursprüngliche Gesellschaften, in denen Männer auch in der direkten Versorgung der Kleinen ihren Mann stehen, bei den tansanischen Hadza etwa, bei den Aka Zentralafrikas oder bei den Kung in der Kalahari. In vielen anderen Stämmen allerdings ist der

männliche Beitrag zur direkten Pflege sehr variabel, was sich
schon aus den oft viele Tage oder sogar Wochen anhaltenden Jagd-
zügen erklärt.

Das immer wieder gerne genommene Klischee, nach dem die
steinzeitliche Mutter mit ihren Kindern in der Höhle saß und darauf wartete, dass ihr Mann leckere Mammutkeulen vorbei-
brachte, ist also aus zwei Gründen falsch. Zum einen war die
Mutter selbst als Versorgerin tätig – ihr Leben als Sammlerin ging
auch mit Kind weiter. Und sie hatte auch beim Hüten der Kinder
Helfer.

Und heute? Da wären die Eltern alleine genauso aufgeschmissen – gäbe es nicht Kindergarten, Schule, ja auch Beikostgläschen,
Fertigpizzas, Mikrowelle, Waschmaschinen, die Tagesmutter, die
Putzfrau oder auch das Erziehungsgeld, das Kindergeld, das
Wohn- oder das Sozialamt. Diese institutionellen und technischen »Ersatzhelfer« sind umso wichtiger geworden, nachdem
sich die angestammten Helfer aus Fleisch und Blut nach und nach
verabschiedet haben: die Großmütter etwa (sie lebt fünfhundert
Kilometer entfernt), die Nachbarn (sind gerade bei der Arbeit),
die Freunde (beim Tanzkurs), Tanten, Nichten, Neffen … (alle zusammen auf Kreuzfahrt). Und die anderen Kinder drumrum, die
Geschwister, die Spielkameraden, Freunde und Mitstreiter – alle
haben sie ihre eigenen Tagesordnungen, im Kindergarten, der
Schule oder im Sportverein.

Wie wichtig das kooperative Modell auch in modernen Gesellschaften ist, zeigen schon Beobachtungen an Säuglingen: Kinder
in Familien mit wenig Unterstützung haben häufiger ein »schwieriges Temperament«. Sie heulen lauter und länger beim Waschen,
Ankleiden oder Windelwechseln, schlafen schlechter ein, sind
leichter ablenkbar und reagieren stärker auf Veränderungen. Rund
um den Globus geht es Kindern dort am besten, wo sie in einem
reichhaltigen sozialen Netz aufwachsen. Dabei scheinen die praktischen, persönlichen Hilfen mehr zu zählen als die rein materielle
Absicherung der Familie. Die Statistiken der Wohlfahrtverbände
und Jugendämter hierzulande unterstreichen die kooperative

Ausrichtung des Projektes Kinderkriegen auf dramatische Art: Werden Hilfen der Behörden in Anspruch genommen, so werden zwei Gründe mit Abstand am häufigsten genannt: »Fehlendes soziales Netz« und »Fehlende konkrete Entlastung«.

Auch Kinderärzte sehen die kindliche Entwicklung als einen Spiegel sozialer Ressourcen. Sprachentwicklungsstörungen werden in Deutschland bei etwa vier Prozent der sozial gut gestellten Kinder beobachtet – bei den sozial benachteiligten Kindern sind es über viermal mehr. Verhaltens- und Lernprobleme sind bei den Kindern mit niedrigem Sozialstatus etwa 17-mal häufiger als bei Kindern aus der gebildeten Mittelschicht. Selbst die Gesundheit spiegelt die Stärke des sozialen Netzes wider: Die meisten Krankheiten, von Übergewicht bis Karies, sind bei Kinder aus sozial schwachen Familien deutlich häufiger.

Der neue Mann

Und der Vater? – Sowohl in Jäger- und Sammlergruppen als auch in modernen Gesellschaften ist er schon allein durch die materielle Mitversorgung der Kinder ein deutliches Plus. Das schlägt sich beispielsweise in einem durchschnittlich besseren Entwicklungs- und Gesundheitszustand der Kinder nieder. Bei der direkten Versorgung der Kleinen ist seine Rolle jedoch – wiederum im Durchschnitt – nicht so beeindruckend. Auch derzeit herrscht an der Kinderfront kein wirkliches Gedränge, obwohl sich gerade Paare aus der gut gebildeten Mittelschicht eine gleichberechtigte Elternschaft wünschen. Selbst im Vorreiterland USA übernehmen Frauen nach wie vor doppelt so viel an Haushaltspflichten wie ihre Männer. Unmittelbar mit den Kindern verbringen die Mütter sogar fünfmal mehr Zeit als die Väter. Auch scheint der Arbeitseinsatz bei den Männern stark von der Dauer der Beziehung abzuhängen. In den ersten Jahren nach der Familiengründung werden deutlich mehr Windeln gewechselt und Waschmaschinen befüllt als später – weshalb manche Soziologen den Einsatz der Männer an der Wickelfront teilweise auch als Werbung um die Gunst und Anerkennung der Partnerin ansehen. Nett, oder? Was immer die Motive sein mögen, das Fazit zum neuen Mann ist damit eher ernüchternd. Ja, mancher witzelt sogar, der Mann habe sich heute in eine derart wichtige Position geschoben, dass er am besten schon bei der Zeugung dabei sein sollte ...

Dass hinter der schlaffen Bilanz aber nicht nur ein hartnäckiges Rollenklischee steht, weiß jeder Mann, der a) seinen Gehaltszettel mit dem seiner Partnerin vergleicht und b) schon einmal versucht hat, im Job kürzer zu treten. Letzteres gilt in den meisten Betrieben ja als eine Art obszöner Vorschlag. In den ach so innovativen deutschen Unternehmen, in denen jedes zweite Wort »Zukunft« heißt, scheint man nicht auf diejenigen Rücksicht nehmen zu wollen, die dafür sorgen, dass die Zukunft überhaupt passiert – Mütter nach der Baby»pause« oder Väter, die auch mal gerne das tun, was alle fordern: für das Kind da sein, und das nicht nur an Samstagen. Aber sehr gerne beklagt man sich dann, wenn die Fachkräfte fehlen.

Und wie so oft gibt es auch bei der Rollenverteilung das Kleingedruckte, das einem immer auch ein bisschen nach der eigenen Nase greift. Jedenfalls zeigen Studien von Psychologen, dass das väterliche Engagement für so manche Mutter durchaus ein zweischneidiges Schwert sein kann. Ja, die Entlastung ist willkommen, andererseits untergräbt sie auch ihr Selbstverständnis als gute Mutter. Sich um das Baby zu kümmern gibt nun einmal auch Bestätigung und den inneren Rückhalt einer klar definierten, anerkannten Rolle. Der Pflegedrang des Mannes kann also auf die Partnerin durchaus verunsichernd wirken. Das erklärt vielleicht, warum selbst Doppelverdiener, die vor der Ehe gemeinsam für den Haushalt gesorgt haben, dann häufig doch wieder bei den alten Klischees landen, sobald ein Kind zu versorgen ist. Männer sind ja möglicherweise tatsächlich faule Socken, aber manchmal wird ihnen das auch noch leicht gemacht.

Das Blatt wenden

Überhaupt täte uns ein kritischer Blick auf unser Familienbild ganz gut. Auf dem goldumrahmten Bild des vorletzten Jahrhunderts etwa fehlen in der Regel ja die Dienstmädchen und das sonstige Personal. Und auch im Familienmodell der Wirtschaftswunderjahre, das in konservativen Kreisen noch wie ein legales Halluzinogen herumgereicht wird, fehlt der Hinweis, dass ein Facharbeitergehalt damals eine ganze Familie ernähren konnte.

Nehmen wir die rosarote Brille von der Nase. Denn vielleicht erscheinen uns die heutigen Eltern ja deshalb so oft als schuldig, eben weil sie so heiliggesprochen werden. Weil wir einem trauten, aber falschen Bild aufgesessen sind: Die Eltern zahlen ihre Liebe, ihre Fürsorge und ihr Engagement auf ein Konto ein – das Konto sind ihre Kinder. Je mehr sie einzahlen, desto mehr Zinsen fallen an.

Da ist nur ein Haken: Die Zinsen werden nicht von den Eltern festgelegt, sondern hängen davon ab, wie gut es gerade insgesamt für Kinder läuft – und damit auch von den anderen Helfern, den kindlichen Lebenswelten, Kindergärten, Schulen, den guten Ideen für die Zukunft. Kurz: Wenn die Gesellschaft nicht für Aufwind und gute Konjunktur sorgt, können es auch die Eltern nicht richten.

Schön wäre es natürlich, wenn es in den vielen wichtigen Besprechungen in Davos auch einmal um diese Konjunktur gehen würde – die Konjunktur, die unsere Familien stärkt und nicht nur die Kurse an den Börsen.

10
UNTER DIE LUPE GENOMMEN:
DAS RÄTSEL DER GEBURT

Bevor wir die Hoffnung auf eine Stärkung der Familie weiter skizzieren, werfen wir aber noch einen Blick auf die ganz konkrete Lebenssituation heutiger Homo-sapiens-Paare. Nehmen wir das erste unverhandelbare Ereignis im Leben eines jeden Menschen: die Geburt.

Als Warnung und Bekenntnis vorweg: Ich habe die Geburt deshalb als Beispiel gewählt, weil mich dieses Thema auch in meiner wissenschaftlichen Laufbahn immer wieder beschäftigt hat. So führte ich Anfang der 2000er-Jahre mit einer Arbeitsgruppe an der Oregon Health Science University in Portland, USA, eine der ersten Studien zum Thema Kaiserschnitte und ihre möglichen Auswirkungen auf kindliche Allergien durch. Derzeit gehe ich mit anderen Wissenschaftlern am Mannheimer Institut für Public Health der Universität Heidelberg der Frage nach, wie sich die regionalen Unterschiede in den Kaiserschnittraten erklären lassen. Wenn Sie jetzt befürchten, dass Ihnen möglicherweise vor lauter Zahlen und Statistiken gleich das Blut ins Stocken gerät, seien Sie unbesorgt – da ist genug Material, um es wieder in Schwung zu bringen.

Zunächst einmal gibt es da (ohne statistisches Beiwerk) einen neuen Trend zu berichten, freebirthing genannt: Die Mutter gebiert ihr Kind ganz alleine, ohne Hebamme, ohne Mann. »Wenn der Job gelingen soll, mach's lieber selber«, so der Rat von Laura Shanley, einer der Verfechterinnen aus den USA – schließlich sei die Geburt ein intimer, ja, spiritueller Akt. Ist der Trend wirklich neu? Auch von den Bäuerinnen früherer Zeiten wird berichtet, sie hätten ihre Babys bei der Feldarbeit bekommen, allein zwischen Kartoffelstöcken ...

Beides sind Ausnahmen, guter Stoff für Mythen und Moden. Aus evolutionärer Sicht war die Geburt immer ein Ereignis, das auf der Unterstützung durch andere aufbaute.

Den Grund haben wir bereits kennengelernt: Die menschliche Geburt ist ein Kompromiss. Da muss ein Lebewesen in einem verdammt unreifen Stadium seinen Weg durch einen verdammt engen Geburtskanal finden. Während ein Schimpansenjunges aus seiner Mutter geradezu herausfällt, schafft ein Menschenjunges die Geburt nur durch akrobatische Drehungen in einem vorher in vielen Anläufen aufgedehnten Geburtskanal. Ja, sein großer Kopf kann sich zu diesem Zeitpunkt noch nicht einmal einen festen Schädel leisten, sondern wird zunächst nur von lose aneinandergefügten Knochenplatten geschützt, die sich in dem engen Becken wie Dachziegel übereinanderschieben können.

Die Enge schlägt sich auch in den Komplikationsraten nieder. Während bei den anderen frei lebenden Säugetieren Verletzungen bei der Geburt praktisch unbekannt sind, kommt es auch unter den besten Bedingungen bei menschlichen Geburten immer wieder zu Krisen, Komplikationen, ja, manchmal sogar zu Katastrophen. Es wird geschätzt, dass etwa 1% der Geburten ohne medizinische Hilfe für Mutter oder Kind tödlich enden.

Und damit wären wir beim Lob des Kaiserschnitts. Er hat unzähligen Müttern und Kindern das Leben gerettet. Und wir wären beim Lob der Hebammen und der Mediziner – sie haben unzähligen Müttern zu einem gesunden Kind verholfen.

Trotzdem steckt die Geburtshilfe heute in der Krise. Wie ein aus der Flasche entwichener Geist folgt sie immer konsequenter einem eigenen Willen. Und da geht es oft nicht mehr um die Rettung vor der Enge des Geburtskanals. Doch der Reihe nach.

Rätselhafte Geburtsrituale

93% der deutschen Schwangeren wünschen sich laut Umfragen eine vaginale Geburt. Von Helgoland bis zum Bodensee trainieren die werdenden Mütter in Geburtsvorbereitungskursen, sie lernen das richtige Atmen, das richtige Pressen, die richtige mentale Einstellung.

Dennoch geht dieser Wunsch nur mehr für zwei Drittel der Gebärenden in Erfüllung – und selbst dieser Anteil wird immer kleiner. Tatsächlich steigt die Rate der Kaiserschnitte seit Beginn der statistischen Erfassung vor zwei Jahrzehnten Jahr für Jahr an (zu Beginn der ja auch nicht gerade vormodernen 1990er-Jahre lag die Kaiserschnittrate in Deutschland noch bei 15%, inzwischen hat sie die 30%-Marke längst überschritten). Aber auch die vaginalen Geburten verlaufen immer seltener »natürlich«: Bei etwa 20% wird die Geburt eingeleitet, bevor die Wehen überhaupt beginnen. Bei 31% werden die Wehen durch einen Wehentropf verstärkt. Etwa 30% der vaginal Gebärenden erhält zur Erweiterung des Geburtskanals einen Dammschnitt. Nur noch jede Zwanzigste

erlebt eine spontane, nicht von medizinischen Eingriffen beglei-
tete Geburt. Die normale Geburt, so die Forderung enttäuschter
Hebammen, sollte zum Weltkulturerbe erklärt werden.

Warum gibt es immer weniger »normale« Geburten? Schon
die Statistiken verwirren. In Sachsen wird etwa jede fünfte
Schwangere durch Kaiserschnitt entbunden, im Saarland jede
Dritte. Der Unterschied dürfte schwerlich damit zu erklären sein,
dass die Saarländerinnen schlechter pressen können. In der
Schweiz sind die Unterschiede noch größer: Fast 40% der Frauen
im Kanton Zug gebaren 2009 per Kaiserschnitt, im Kanton Jura
dagegen nicht einmal 20% – sind die Jurasserinnen robuster? Anlass zur Verwirrung gibt auch ein Blick nach Holland. Dort brauchen bis heute nur halb so viele Frauen einen Kaiserschnitt wie in
Deutschland – die Säuglingssterblichkeit liegt dabei nicht höher.
Und auch in Deutschland kommen heute nicht mehr gesunde Babys zur Welt als noch vor 15 Jahren, als die Kaiserschnittrate nur
halb so hoch war.

Sogar von Krankenhaus zu Krankenhaus schwankt der Bedarf
nach Lebensrettung per Kaiserschnitt enorm – selbst wenn man
Äpfel mit Äpfeln vergleicht und etwa nur die Kreiskrankenhäuser
anschaut. Die Gebärschwäche scheint dabei besonders unter den
privat Versicherten zu grassieren. In der Schweiz etwa werden
über 40% der Privatpatientinnen per Kaiserschnitt entbunden –
aber nur 30% der gesetzlich Versicherten (in Deutschland ist der
Trend ähnlich, auch wenn man da mit der Veröffentlichung solcher Daten etwas zurückhaltender ist). Ist die Stärke der Wehen
eine Frage des Versicherungskärtchens?

Zumindest nach gängiger Lesart sollte das nicht so sein, denn
noch jeder Kaiserschnitt wurde der Gebärenden gegenüber medizinisch begründet – um der Gesundheit des Kindes oder der Mutter willen sei der Kaiserschnitt die richtige Wahl. Das mag im individuellen Fall ja auch stimmen (ich rate keiner Gebärenden
dazu, einen Kaiserschnitt einfach abzulehnen) – aber andere Einflüsse spielen eben auch eine Rolle. Anders wären die genannten
Zahlen gar nicht zu erklären.

Und diese nicht-medizinischen Einflüsse scheinen den Trend immer stärker zu bestimmen. Nehmen wir einmal das schöne Alpenstädtchen Chablais in Aigle in der Schweiz. Das dortige Krankenhaus betreut Geburten für eine Bevölkerung von 80.000 Einwohnern. Gleichzeitig beherbergt es seit Längerem ein Geburtshaus, das von freiberuflichen Hebammen geführt wird. Eine Gegenüberstellung der Geburten (bei der bewusst nur Geburten mit einem ähnlichen Geburtsrisiko verglichen werden) zeigt, dass im Hebammen-Geburtshaus 7% der Wehen eingeleitet wurden, im Krankenhaus dagegen 53%. Und: Im Geburtshaus wurden dreimal weniger Dammschnitte durchgeführt – und das, ohne dass die Zahl der Dammrisse gegenüber der Klinik erhöht gewesen wäre. Das Kaiserschnittrisiko? Im Geburtshaus war es viermal kleiner. Und von den geborenen Babys wurden in der Geburtsklinik über doppelt so viele wegen Komplikationen in die Kinderabteilung überwiesen als im Geburtshaus.

Diese Zahlen zeigen, dass die Geburtshilfe auf den Prüfstand gehört. Sie zeigen auch, wie wenig Frauen wirklich von ihrem Selbstbestimmungsrecht Gebrauch machen oder Gebrauch machen können – und das bei einem so zentralen Lebensereignis, wie es die Geburt eines Menschen auch heute noch ist.

Natürlich hat sich auch bei den Gebärenden einiges verändert: Sie sind im Schnitt älter, bekommen insgesamt weniger, dafür im Durchschnitt schwerere Kinder, sie selbst sind ebenfalls häufiger übergewichtig und sie sind möglicherweise auch körperlich weniger belastbar, als Frauen das früher waren. Oder sie schenken sich und ihrem Körper weniger Vertrauen. Und manche Frau geht tatsächlich lieber in die Klinik, um sich entbinden zu lassen, anstatt selbst zu gebären. Der Anteil der Frauen, die auf eigenen Wunsch per Kaiserschnitt gebären wollen, nimmt jedenfalls zu. All das spielt in den geschilderten Trend hinein – und kann ihn doch nicht ausreichend erklären.

Auch das System selbst ist zunehmend von Teufelskreisen geprägt. Nehmen wir nur einmal die Angst vor Schadenersatzprozessen. Juristisch ist der entbindende Arzt mit einem Kaiserschnitt immer auf der sicheren Seite. Kommt es dagegen bei einer Vaginalgeburt zu Komplikationen, so muss sich der Arzt möglicherweise vor Gericht rechtfertigen.[12] Zudem entsteht durch einen Kaiserschnitt oft ein medizinischer Automatismus: Wer bereits einen Kaiserschnitt hinter sich hat, wird bei der nächsten Geburt in aller Regel wieder per Kaiserschnitt entbunden (auch wenn das rein medizinisch ein alter Hut ist). Auch scheinen der Geburtshilfe nach und nach die Fertigkeiten verloren zu gehen. Wo immer mehr schwierige Geburten auf dem OP-Tisch enden, erlernen die nachrückenden Ärzte eben vor allem eines: wie man eine Geburt operativ beendet. Diese Ausdünnung praktischen Wissens trifft gerade die Geburtshilfe an einem neuralgischen Punkt. »Man muss in der Geburtshilfe viel wissen, um wenig zu tun«, erläuterte einmal der deutsche Frauenarzt Professor Dr. Dr. Willibald Pschyrembel (1901–1987). Das Dilemma scheint heute zu sein: Jeder hat den Pschyrembel im Regal stehen (Professor Pschyrembel war auch der Begründer des gleichnamigen Medizin-Lexikons), aber keiner folgt mehr seinem Rat.

Dabei gibt es gute Hinweise darauf, dass Professor Pschyrembel bis heute Recht hat. Nehmen wir etwa die künstliche Auslösung der Wehen. Das kann im Notfall sehr hilfreich und notwendig sein, etwa wenn ein Kind übertragen ist. In vielen anderen Fällen aber entstehen durch eine solche »Einleitung« Nachteile – nämlich dann, wenn der Körper der Mutter zu einer Geburt eigentlich noch nicht bereit ist. Studien raten jedenfalls zu Vorsicht. Gerade bei erstgebärenden Müttern muss die Geburt nach einer Einleitung nämlich deutlich häufiger durch einen Kaiserschnitt beendet werden. Das erklärt möglicherweise auch einen anderen, zunächst einmal rätselhaften Zusammenhang: Frauen, deren Muttermund bei Aufnahme in die Klinik noch wenig geöffnet ist, werden später häufiger per Kaiserschnitt entbunden – obwohl gerade diese Frauen meist jung und gesund sind. Des Rätsels Lösung: Weil starke Wehen eine Weile auf sich warten lassen, wird dem zögerlichen Muttermund in vielen Fällen per Wehenmittel nachgeholfen. Insgesamt wird heute etwa fünfmal häufiger zu

Wehenmitteln gegriffen als noch vor 20 Jahren, und das oft schon in einem Stadium, in dem die Geburt eigentlich noch gar nicht richtig begonnen hat. Offenbar sträubt sich die Natur bei der Geburt gegen Fast-forward.

Das eigentliche Rätsel

Dies führt uns zu dem eigentlichen Rätsel, nämlich der Geburt selbst. Sie scheint von der Natur als ein Hochseilakt zwischen Extremen angelegt zu sein. Um zu gebären braucht es äußerste Kraft und Energie – aber auch Entspannung.

Diese »konzentrierte Entspannung« beruht auf einem feinen Gefüge hormoneller Wirkungen, und sie stellt sich nur unter bestimmten Bedingungen ein. Eine gelungene Geburt kann im Grunde so wenig »gemacht« werden wie ein gelungener Geschlechtsakt.

Eine Geburt geht deshalb auch nicht einfach los, sie braucht eine Atmosphäre der Sicherheit. Das ist von der Natur so vorgesehen: Keine Frau darf Wehen haben, solange sie einen Bären im Gebüsch brummen hört – ihr Baby wäre schon mit seinem ersten Atemzug ein totes Baby. Kein Wunder, dass gerade die anfänglichen Wehen schnell wieder aufhören, sobald sich die Gebärende irgendwie unsicher fühlt. Kein Wunder auch, dass in allen Kulturen die Begleitung durch vertraute und erfahrene Frauen dafür sorgt, dass diese Mobilisierung aller Kräfte bei gleichzeitiger Entspannung gelingen kann. Und das ist auch noch heute so. Wird eine Gebärende etwa von einer ihr vertrauten, geburtserfahrenen Frau (auch Doula genannt) durch die Geburt begleitet, so verläuft diese nachweisbar leichter und schneller – und ein Kaiserschnitt wird seltener erforderlich. Ein vertrauter Ort hilft bei diesem Balanceakt ebenfalls: Wird der Kreißsaal so umgestaltet, dass die Schwangere ihn als einen ruhigen, freundlichen Ort wahrnehmen kann, in dem sie sich während der Wehen auch frei bewegen und herumgehen kann, so sind weniger Medikamente zur Verstärkung der Wehen erforderlich.

In diesem Zusammenhang stellt sich die Frage, ob unser geburtshilfliches System noch genug Raum für diesen Hochseilakt lässt. Tatsächlich steht hinter einem Großteil der heutigen Kaiserschnitte ja eine auffällige Diagnose, nämlich Wehenschwäche. Gerade das, was eine Geburt eigentlich antreibt, schwächelt. Um Sicherheit zu geben, hat die moderne Geburtshilfe immer mehr Entspannung aus der Geburt genommen. Dafür wurde der Weg zum letztendlichen Loslassen mit immer mehr Eingriffen gepflastert – und die scheinen auf viele Frauen ähnlich zu wirken wie ein brummender Bär im Gebüsch.

Na und?

Wir leben heute ein durch und durch »künstliches« Leben – warum sollen wir da ausgerechnet die »natürliche« Geburt hochhalten? Die Kaiserschnittnarben sind ja heute nicht einmal mehr im Bikini zu sehen. Auch vermasselt eine operative Geburt noch lange nicht das Leben mit dem Baby – mit schwierigen Geburten hatte die Menschheit schon immer zu rechnen. Ja, es mag nach einer komplizierten Geburt am Anfang etwas schwieriger sein, aber das renkt sich ein. Studien mit Kaiserschnittbabys etwa zeigen, dass sie in den ersten Wochen tatsächlich unruhiger sind – dagegen hat diese Art der Entbindung keinen Einfluss auf die langfristige Bindung, das Gefühl der Zusammengehörigkeit oder gar die »Qualität« des Lebens.[13]

Und trotzdem haben Kaiserschnitte ihren Preis. Denn ein Kaiserschnitt ist eben nicht nur ein »kleiner Schnitt«. Ein Kaiserschnitt kann – wenn auch selten – weitere Schwangerschaften erschweren, und er kann zu komplizierten Schwangerschaftsverläufen beim nächsten Kind führen, etwa weil sich die Plazenta ungünstig einnistet und sich dadurch lösen kann. In diesem Zusammenhang muss besonders der Trend nachdenklich stimmen, dass die Kaiserschnittrate in den letzten Jahren gerade bei jüngeren Frauen und Erstgebärenden überproportional angestiegen ist (was auch das Argument entkräftet, hinter der Epidemie der Kaiserschnitte stünden die immer älter werdenden Mütter).

Vor allem aber muss auch das Kind einen Kaiserschnitt zuerst verkraften. Kinder müssen nach einem geplanten Kaiserschnitt etwa doppelt so häufig auf die Intensivstation aufgenommen werden, meist wegen Atemproblemen. Zudem mehren sich die Hinweise, dass durch Kaiserschnitt entbundene Kinder stärker zu Allergien neigen und etwas öfter an kindlichem Diabetes (Typ-1-Diabetes) erkranken. Diese Risiken sind – darauf will ich bewusst hinweisen – für das einzelne Kind sehr klein und bestimmt kein Grund zur Panik.[14] Dennoch halte ich es für ethisch und rechtlich bedenklich, dass bisher bei der Aufklärung vor einem Kaiserschnitt darauf nicht eingegangen wird.

Schließlich hat auch die Familie nach einem Kaiserschnitt mehr zu verkraften. Jede durch medizinische Eingriffe erschwerte Geburt verändert nun einmal die Empfangsbedingungen für den Ankömmling und belastet die »Lernkette« – so kommt nach einem Kaiserschnitt das Stillen schwerer in Gang und der Umgang mit dem Baby wird als schwieriger empfunden.

Wer ist schuldig?

Damit sind wir beim eigentlichen Dilemma. Ja, es gibt unter den Geburtshelfern einzelne »Kaiserschnitt-Rambos«. Ja, es gibt einzelne Kliniken, deren Kaiserschnittraten inakzeptabel hoch sind (seltsamerweise werden diese Zahlen noch immer als eine Art medizinisches Geheimwissen behandelt und dürfen etwa von den Kassen nicht auf Krankenhäuser bezogen veröffentlicht werden). Und ja, es gibt die Ärzte, die vor dem Wochenende lieber noch schnell mal per Schnitt entbinden.

Aber die meisten Ärzte machen eben das *nicht* – und trotzdem läuft das System aus dem Ruder. Die Geburtshilfe steckt damit zum Teil im gleichen Dilemma, wie wir es von anderen Systemen kennen, von der Finanzwirtschaft bis zur Globalisierung. Jeder verhält sich in seiner Rolle rational – und doch geht das System insgesamt in die falsche Richtung.

Was ist zu tun? Zum einen gilt es, die Alternativen zu stärken. So haben von Hebammen geführte Geburtshäuser über Jahrzehnte exzellente Arbeit geleistet und kämpfen trotzdem ums Überleben. 50% der Geburtshäuser und Entbindungspraxen haben in den letzten fünf Jahren die Geburtsbegleitung ganz eingestellt – die ambulante Geburtshilfe rechnet sich nicht mehr. Dasselbe gilt für Hausgeburten. Es kann nicht angehen, dass unsere Gesellschaft immer schwierigere Startbedingungen für junge Familien beklagt, aber gleichzeitig den Hebammen langsam, aber sicher das Licht ausdreht. Laut Statistik arbeitet eine Hebamme nur vier Jahre voll in ihrem Beruf, danach arbeitet sie Teilzeit oder wendet sich einer anderen Tätigkeit zu – weil sie von ihrem Beruf nicht leben kann. Wenn eine Gesellschaft meint, sie könne auf die Hände verzichten, die den Kindern ins Leben helfen, dann muss sie sich nicht wundern, wenn die Geburt immer öfter per Wehentropf oder per Skalpell erfolgt.

Auch die Denke gehört auf den Prüfstand. Wir leben in einer Kultur, die Extremsituationen großformatig in Szene setzt, die Geburtserfahrung jedoch wird oft als »masochistische und überflüssige Zusatzübung« dargestellt. Während noch vor 15 Jahren Schwangere oft mit langen Listen in die Klinik kamen, was sie für die Geburt alles *nicht* haben möchten, steht jetzt auf den Listen, was genau sie haben wollen. Kein Wunder, dass es auf den Informationsveranstaltungen der Kliniken weniger um die eigenen Kräfte der Schwangeren geht, als vielmehr um die Techniken der Klinik und wie *die* genutzt werden können. Vielleicht ist auch das ein Grund, weshalb heute selbst Krankenhäuser mit einer Kaiserschnittrate von 50% kein Problem haben, ihre Kreißsäle zu füllen.

Die Balance finden

Auch bei den Geburten scheinen wir also aus der Balance geraten zu sein. Nein, die menschliche Geburt ist kein Spaziergang. Und sie ist nicht gefahrlos. Aber wir Menschen haben Möglichkeiten und Fertigkeiten entwickelt, um damit umzugehen und die Gebärende zu stärken. Dieses System der Geburtshilfe hat viele Dimensionen, da gehört die Unterstützung durch das familiäre Umfeld dazu, die persönliche Begleitung bei der Geburt, die Hilfen der Hebammen, seien sie seelischer, ritueller oder handwerklicher Natur, und natürlich auch die medizinischen und die intensivmedizinischen Hilfen. Jede dieser Komponenten hat ihren Wert, jede kann zum Gelingen einer Geburt beitragen, jede hat ihre Stunde. Die Tragik besteht darin, dass die Geburt mittlerweile komplett unter das Primat der Intensivmedizin gestellt wurde. An die Stelle der »gekonnten Nicht-Intervention« ist die immer feinmaschigere Überwachung im Rahmen des »Geburts-Managements« getreten. Das ist vielleicht für eine Massenkarambolage die richtige Strategie, nicht aber für einen so intimen und persönlichen Vorgang wie die Geburt eines Menschenkindes.

Was können Mütter und junge Familien in diesem Umfeld konkret tun, damit die Geburt dann doch nach Möglichkeit so läuft, wie sie sich das eigentlich wünschen?

ERSTENS: SIE HABEN DIE WAHL DES ORTES. Nur an einem als sicher und stressfrei empfundenen Ort kann Gebären in Geborgenheit gelingen. Das kann in einer Klinik, einem Geburtshaus, einer Entbindungspraxis oder zu Hause sein – für eine gesunde, gut vorbereitete Mutter mit einer normalen Schwangerschaft sind das alles gute und vernünftige Optionen.

ZWEITENS: WELCHE FACHLEUTE BEGLEITEN SIE BEI DER GEBURT? Bietet die Klinik die Möglichkeit, dass Ihre Hebamme (also die Hebamme, die Sie auch in der Schwangerschaft begleitet), Sie dort entbindet? Wenn nicht, lernen Sie das Hebammen-Team bei einem Besuch kennen: Stimmt die Chemie? Wenn Ihr Gynäkologe oder Ihre Gynäkologin als Belegarzt zur Geburt in die Klinik kommt, kann das ein Plus sein. Nicht jeder Belegarzt (der ja nebenher noch seine Praxis zu führen hat) bringt da aber »alle Geduld der Welt« mit – und die braucht es manchmal. Auch hier: Fragen Sie, reden Sie mit anderen Müttern und Ihrer Hebamme.

DRITTENS: ES IST *IHRE* GEBURT. Reden Sie darüber mit allen, die Sie begleiten werden, vor der Geburt (unter der Geburt fängt keine Frau zu diskutieren an): Wie läuft das hier ab? Wie oft kommt es zum Kaiserschnitt? Wie oft zu Dammschnitten? Wie wird das Abnabeln gehandhabt? Beschreiben Sie, wie Sie sich Ihre Geburt vorstellen – wird darauf eingegangen, oder kommen immer nur Gegenargumente? Die sind ernst zu nehmen, sprechen aber nicht gegen die Suche nach einem Kompromiss. Wer sich mit dem zufrieden gibt, »was eben so üblich ist«, bekommt die Art der Geburtshilfe, die »eben so üblich ist« (hier unterscheidet sich die Klinikwelt nicht vom echten Leben).

VIERTENS: UNTERSTÜTZUNG TUT GUT. Die kann vom Vater des Kindes kommen, von einer anderen, der Mutter wichtigen und angenehmen Person oder auch von einer Doula, also einer Frau, die selbst schon Kinder geboren und eine Ausbildung als Geburtsbegleiterin gemacht hat. Die hartnäckige Suche, ja, Einforderung von Unterstützung bewährt sich übrigens auch *nach* der Geburt. Wenn etwa das Stillen nicht klappt: nicht lange fackeln, sondern gleich mit einer ausgebildeten Stillberaterin Kontakt aufnehmen (viele Hebammen kennen sich gut mit dem Stillen aus, aber nicht jede Hebamme ist automatisch auch eine kompetente Stillberaterin).

FÜNFTENS: AN DIE EIGENE KOMPETENZ GLAUBEN. Kinderkriegen ist kein Spaziergang, es ist eine Gipfeltour. Aber eine Frau hat von Natur aus alles, was es braucht, um da hinzukommen. Ja, als Gebärende brauchen Sie gute Begleiter und Helferinnen für den Weg, ganz sicher. Aber es bleibt Ihr Weg – selbst wenn da Hindernisse auftauchen und in der Not die Helfer den Weg für Sie und Ihr Kind ebnen müssen. Auch das Kind, das dann geboren wird, ist ja Ihr Geschenk.

11
GESELLSCHAFT IN GEFAHR:
WO IST DAS DORF GEBLIEBEN?

Betrachten wir Deutschland einmal aus der Familienperspektive. Da fallen gleich einmal zwei Probleme auf. Zum einen: Kinderarmut. Deutschland hat immer mehr arme Kinder – in der viertreichsten Nation der Erde lebt heute etwa jedes zehnte Kind in Armut.

Das zweite Problem ist – Kinderarmut! Deutschland wird immer ärmer an Kindern. Und das mit deutscher Gründlichkeit. Pro Jahr fehlen hierzulande ziemlich genau 350.000 Kinder für eine ausgeglichene Bevölkerungsentwicklung – bei einer jährlichen

Geburtenzahl von etwa 650.000 Kindern eine imposante Zahl. Deutschland ist damit im europäischen Vergleich Schlusslicht. Dass ein und derselbe Begriff gleich zwei Hauptprobleme unserer Gesellschaft beschreibt, ist kein Zufall. Sie hängen nämlich zusammen.

Betrachten wir den Trend. In den 1960er-Jahren wurden in Deutschland etwa doppelt so viele Kinder geboren wie heute. Von diesen lebten etwa 2% unter der Armutsgrenze. Diese Rate hat sich seither vervielfacht – über fünf Millionen Kinder in Deutschland leben heute in Haushalten mit einem Jahreseinkommen von unter 15.000 Euro.

Dabei ist Kinderarmut keine dieser lästigen, aber unvermeidlichen Begleiterscheinungen moderner Gesellschaften. Das zeigt der europäische Vergleich. So gibt es etwa in Dänemark viermal weniger arme Kinder als hierzulande. Ähnlich niedrige Armutsraten gelten für die anderen nördlichen europäischen Länder und auch für die Niederlande. Gleichzeitig weisen gerade diese Länder innerhalb Europas die höchsten Geburtenraten auf.

Wir stehen damit vor einer grotesken Tatsache: Im reichsten und produktivsten Land Europas werden am wenigsten Kinder geboren. Und unter diesen finden sich zudem noch deutlich mehr arme Kinder als in den meisten anderen europäischen Ländern.

Wenn das keine Bankrotterklärung ist, was dann?

Die Politik redet stattdessen gerne von dem Phänomen des »zu lange aufgeschobenen Kinderwunsches« oder den »Rollenkonflikten in der Biographie der modernen Frau«. Das ist leichter, als den Bürgern reinen Wein einzuschenken: Wir haben Raubbau betrieben. Wir haben immer nur das Investitionsklima für die Wirtschaft im Auge gehabt. Und nicht das Klima dort, wo Kinder geboren und großgezogen werden.

Statt um den heißen Brei herumzureden, will ich auch für diese Fragen die evolutionäre Perspektive einfordern.

Angestammtes Gesellschaftsmodell?

Es gibt zwei soziale Strategien, die von den unterschiedlichen Arten in unterschiedlichem Maß genutzt werden: Kooperation und Konkurrenz. Beides sind effektive Methoden, um die knappen Ressourcen der Umwelt zu nutzen. Welches ist die »angestammte« Lebensstrategie des Menschen?

Darüber wurde und wird heftig gestritten. Die einen vermuten mit Blick auf die Jäger- und Sammlergemeinschaften, in denen wir ja die allermeiste Zeit unserer Geschichte gelebt haben, eine Art Ur-Kommunismus – da waren alle Stammesmitglieder gleich und haben perfekt für ein gemeinsames Ziel kooperiert (wie etwa die Ameisen das tun). Die anderen unterstellen ein »Jeder gegen jeden«, bei dem nur die Stärksten ihre Interessen geltend machen konnten und sich an die Spitze stellten (wie es etwa für die Schimpansen gilt).

Die evolutionäre Verhaltensforschung schlägt sich auf keine der beiden Seiten. Die Jäger- und Sammlergemeinschaft war zum einen eine Leistungsgesellschaft. Ein besonders guter Jäger oder eine besonders gute Sammlerin zu sein, war immer ein Plus, und das wurde auch belohnt – durch Ansehen, durch Status, durch mehr Freiheit bei der Partnerwahl. Kein Wunder, dass es in unserem Gehirn vor »eigennützigen« Optionen nur so wimmelt. Da sind Stolz, Neid und Eifersucht, da ist ein empfindlicher Sinn für Ehre und Status, und da ist diese innere Zufriedenheit, wenn wir eigene Entscheidungen treffen können. Ja, wir Menschen sind auf eine vorteilhafte individuelle Position bedacht, eindeutig!

Ganz sicher herrschte aber auch kein »Jeder gegen jeden«. In einer Umwelt, in der es keine Lagerhallen und keine Kühlschränke gab, war Kooperation und Teilen eine Art Lebensversicherung – wer teilte, erwarb ja auch ein Anrecht auf Versorgung, wenn er mal mit leeren Händen heimkam. Beobachtungen an noch heute als Jäger und Sammler lebenden Gruppen zeigen, dass der Mensch in vielen Klimazonen überhaupt nur überleben kann, indem er den Austausch mit anderen Gruppen systematisch pflegt. Kein

Wunder, dass ein großer Teil unserer Gehirnleistung auf soziale Fertigkeiten ausgerichtet ist – unsere Fähigkeit zu Empathie und Anteilnahme etwa, unser System des *mind reading*, das uns immer auch an den Handlungen und Absichten der anderen teilhaben lässt, unsere extreme Kommunikationsfähigkeit, durch die wir gemeinsame Symbole nutzen und sprachlich, rituell und seelisch miteinander in Austausch treten können. Und auch das spricht für unsere »soziale« Seite: Ein guter Teil unserer Bedürfnisse ist auf die anderen Menschen gerichtet – man denke nur an unsere fast schon »süchtige« Suche nach Anerkennung und Wertschätzung durch andere.

Kurz: Homo sapiens hat ein individualistisches, aber gleichzeitig »soziales« Gehirn. Im ursprünglichen Lebenskontext des Menschen war Überleben nur möglich, wenn diese beiden Seiten – das Ich und das Wir – austariert blieben. Nur in dieser Balance konnten Menschengruppen sich in einer extrem harten Welt behaupten, ein paar Hunderttausend Jahre lang. *Das* war der evolutionäre Gesellschaftsvertrag. Die frühen Völkerkundler staunten darüber, wie viel Energie in Jäger- und Sammlergemeinschaften aufgewendet wurde, um dieses Gleichgewicht zu halten. Wie viele Regeln und Rituale es da gab, um Interessen auszugleichen und Konflikten vorzubeugen. Ohne dieses Bindemittel wäre das Projekt »Mensch« gar nicht möglich gewesen.

Steckt dieses doppelgleisige Lebensmodell noch heute in uns? Eindeutig! Betrachten wir etwa die kindliche Entwicklung, so ist klar: Kinder verfolgen in ihrer Entwicklung zwei Strategien – mit allen darin enthaltenen Spannungen. Kinder wollen *gleich* sein, aber sie wollen auch *besonders* sein. Sie wollen nicht hervorstechen – aber doch herausragend sein. Sie wollen das machen, was die anderen machen, aber doch etwas *Eigenes* tun. Auch heute noch folgen sie also einem im Grunde paradoxen Entwicklungsauftrag: sich einfügen und sich abheben, autonom sein und ver-
Kein Wunder, dass uns einerseits der Konformitäts-
der unter Kindern herrscht, andererseits aber auch
großen Bühne – Deutschland sucht den Superstar!

Ja, die kindliche Entwicklung kann geradezu als eine Suche nach einer geglückten Balance von Konkurrenz und Kooperation verstanden werden.

Auch unser Erwachsenenleben scheint dem Thema »Autonomie in Verbundenheit« gewidmet zu sein. Aus der Psychologie und der Salutogeneseforschung ist bekannt, dass Menschen, so verschieden sie sind, in ihrem Leben durch ganz ähnliche Erfahrungen Aufwind bekommen: Sie wollen sozial eingebunden sein, sie wollen für ihre Kompetenz wertgeschätzt sein und sie wollen mitentscheiden können. An diesen drei unsichtbaren Schnüren – Verbundenheit, Kompetenz und Autonomie – hängt unsere Zufriedenheit, sie halten uns gesund und leistungsstark (das ist der Grund, weshalb sich eine Langzeitarbeitslosigkeit auf die Lebenserwartung kaum weniger verheerend auswirkt als eine Krebsdiagnose – da werden oft ja alle drei Schnüre gleichzeitig gekappt!).

Deshalb sollte man auch der Verlockung widerstehen, Kinderarmut nur als ein rein materielles Problem zu sehen, wie es etwa in dem Kommentar von Altbundeskanzler Helmut Schmidt aus dem Jahr 2009 anklingt: »Manches, was man heute als Armut beklagt, wäre in meiner Kindheit beinahe kleinbürgerlicher Wohlstand gewesen.« Kinder in armen Verhältnissen leben auch dann nicht in »Wohl«stand, wenn sie mehr materielle Mittel haben als die meisten Menschen in der Geschichte der Menschheit – wir hätten sonst ja hierzulande den Sprung ins Paradies geschafft. Was armen Kindern fehlt, ist nicht die besonders wertvolle Ausrüstung. Vielmehr leben sie oft (wenn auch nicht immer) in einem Milieu, in dem soziale Teilhabe, Wertschätzung und Erfahrung der eigenen Kompetenz nur wenig im Angebot sind. Und das ist ein schweres Handicap für die kindliche Entwicklung.

Dass das Balancemodell keine bloße Theorie ist, lässt sich auch im internationalen Vergleich nachweisen. So geht es einer Gesellschaft auf allen Ebenen umso schlechter, je mehr Ungleichheit in der Gesellschaft herrscht – egal auf welchem Reichtumsniveau. Ausgeglichene Gesellschaften haben eine geringere Kriminalität, eine höhere Lebenserwartung – und gesündere Kinder.

Das ist leicht zu verstehen. Ungleichheit steht für ein hohes Maß an Konkurrenz und wenig Kooperation. Was zählt, ist die wirtschaftliche Produktivität des Einzelnen – die andere Seite der »menschlichen Medaille«, Interessenausgleich, Kooperation und soziale Einbindung, wird kleingeschrieben.

Die verlorene Balance trifft Menschen mit Fürsorgepflichten am härtesten. Diejenigen, die mit ihrem Leben etwas so Unproduktives anfangen wie Kinder versorgen, landen da ziemlich punktgenau am Rand der Gesellschaft. Sie erhöhen mit dieser Tätigkeit ja nicht ihre Produktivität oder ihren Wert auf dem Arbeitsmarkt – im Gegenteil.

Tatsächlich sind seit dem Beginn der Globalisierung in Deutschland Erwachsene mit Kindern bei den Realeinkommen immer weiter abgehängt worden. Zumindest in der unteren Mittelschicht stellen Kinder inzwischen sogar ein Armutsrisiko dar. Erwachsene stehen da in vielen Fällen tatsächlich vor der Wahl, entweder ihre soziale Position zu halten oder eben Kinder zu haben. Man darf den Vergleich nicht scheuen: Während die Bundesregierung hektisch Rentengarantien abgibt, vernachlässigt sie die, die überhaupt erst dafür sorgen, dass einmal Renten ausgezahlt werden können.

Aus evolutionärer Sicht könnte man es auch so sagen: Wenn sich Menschengruppen zu weit von dem angestammten Lebensmodell eines Homo sapiens entfernen, fallen Kosten an. Und die haben vor allem diejenigen zu tragen, die am meisten auf Kooperation angewiesen sind – nämlich die Kinder.

Freude am Erziehen

Dass es immer weniger Kinder in Deutschland gibt, ist kein »Ge- ⸻ ' Frauen, wie es gerne gesehen wird: Die moderne ⸻ r lauter Emanzipation und Selbstverwirklichung ⸻ hr auf Kinder. Das verkennt eine wichtige Tatsache:

Eigentlich macht das Leben mit Kindern Spaß, und zwar nachhaltigen, tiefgründigen Spaß, und wo immer junge Paare ausreichend Unterstützung bekommen, wählen sie ein Leben mit Kindern – nicht jedes Paar, aber die meisten. Das zeigt ja gerade der europäische Vergleich. Moderne Frauen nehmen sehr wohl die Option Mutterschaft wahr, wenn die Umstände es zulassen – skandinavische Frauen zeigen das seit vielen Jahren. »Die Politik muss sich endlich zu der Einsicht durchringen, dass es erst dann wieder mehr Kinder geben wird, wenn es auch Freude macht, sie großzuziehen«, sagt dazu Remo Largo, der Nestor der europäischen Entwicklungspädiatrie. Man muss da nicht den Frauen die Schuld in die Schuhe schieben.

In Wirklichkeit sind es nämlich nicht die Frauen, die streiken, sie werden bestreikt – von der Gesellschaft. Denn diese hat für kurzfristige wirtschaftliche Ziele den evolutionären Gesellschaftsvertrag aufgekündigt, der immer die Grundlage dafür war, dass die unglaublich aufwendigen Kinder eines Homo sapiens erfolgreich aufwachsen konnten. Sie hat es zugelassen, dass die individualistische Seite unseres Gehirns von ihrem sozialen Gegengewicht entbunden wurde. Das mag für die rein wirtschaftliche Leistung sehr hilfreich sein (zumindest solange man vom »Humankapital« aus Generationen zehren kann, die so unvernünftig waren, sich auch noch Kinder ans Bein zu binden). Für die Kinder aber ist der entfesselte Individualismus ein Desaster. (Für den Planeten insgesamt sieht es auch nicht viel besser aus.)

Schauen wir uns diesen entfesselten Individualismus einmal genauer an. Da fallen noch weitere Ungereimtheiten auf. Entgegen anderslautender Behauptungen spiegelt er nicht einmal das – ja durchaus in uns angelegte – Leistungsprinzip wider. Manche Gruppen in der Gesellschaft werden nämlich unabhängig von ihrer Leistung bevorzugt. So wird nur das durch Arbeit erzielte Einkommen in nennenswertem Umfang besteuert, und da werden schon sehr kleine Löhne in die Pflicht genommen. Vermögen dagegen, und sei es noch so groß, bleibt praktisch ganz außen vor. Damit ist ein immer größer werdender Teil des Reichtums dieser

Gesellschaft von sozialen Verbindlichkeiten und Verpflichtungen praktisch freigestellt. Etwa 1% der deutschen Kinder wird in den kommenden Jahrzehnten ein Viertel des gesamten Vermögens in Deutschland erben – und sie werden davon anteilig weniger für die Gemeinschaftsaufgaben dieser Gesellschaft abzweigen müssen als die unterste Einkommensgruppe der Lohn- oder Gehaltsempfänger. Stellt man dazu noch in Rechnung, dass der Aufbau von Vermögen in den letzten Jahrzehnten zunehmend über spekulative Geschäfte erfolgte (deren Risiken letzten Endes von der Allgemeinheit mit abgedeckt werden), ist dieses System zutiefst ungerecht. Zu viel Geld in zu wenigen Taschen – das kann für eine soziale Spezies wie den Menschen langfristig gar nicht funktionieren.

Machen wir uns nichts vor. Was unsere Gesellschaft bedroht, ist nicht nur die soziale Frage »dort unten« – es sind nicht die am unteren Rand Gestrandeten, die »Deutschland abschaffen«. Unser Problem ist die mangelnde Integration dort oben – dass sich eine ganze Schicht losgesagt hat von der Verantwortung für die Gesamtheit. Ein Fondsmanager kann heute durch die Spekulation mit Rohstoffen oder Nahrungsmitteln das Hunderttausendfache von dem verdienen, was eine Erzieherin bekommt (anders als bei der Erzieherin findet sein Geld aber oft den verschlungenen Weg in irgendeine Steueroase). Ein Schönheitschirurg verdient am Tag oft mehr als eine Tagesmutter in einem ganzen Jahr. Es ist an der Zeit, dass wir wieder öfter nach dem gesellschaftlichen Nutzen fragen. Es ist an der Zeit, dass wir dafür sorgen, dass zwischen Angebot und Nachfrage auch die Zukunft Platz hat (wie es der Journalist Karl-Heinz Büschemann einmal ausgedrückt hat). Jedenfalls spricht rein gar nichts dagegen, dass wir unsere Gesellschaft so gestalten, dass auch die Bonusempfänger und Millionen-Erben dieser Republik ihren fairen Beitrag dazu leisten, dass in ein paar Jahrzehnten hier noch Kinder leben!

Was (sonst noch) zu tun ist

Familien brauchen Hilfe. Das können alle unterschreiben, von der Familienhelferin beim Jugendamt bis zur Familienministerin. Die Frage ist dann nur: wie viel? Und vor allem: *wie*? Und da beginnt das Drama. Denn gerade Deutschland hat bei der Antwort jahrzehntelang gemogelt. Ja, man gibt für die Familien einiges aus (im OECD-Durchschnitt liegt Deutschland im oberen Mittelfeld). Doch was man gibt, wird vor allem in Form direkter finanzieller Hilfen ausgeteilt – als Freibeträge bei der Steuer oder als Kindergeld. Aber genau das ist der am wenigsten geeignete Weg, um den Kindern zu helfen (aber der beste Weg, um Wahlen zu gewinnen). Was kommt denn von dem an die Eltern ausgeteilten Geld wirklich bei den Kindern an? Natürlich werden davon sehr wohl auch Schuhe für die Kleinen bezahlt – in viel zu vielen Fällen aber machen die Transferzahlungen keinen wirklichen Unterschied für die Kinder. Sie entscheiden vielleicht, ob vor der Garage ein VW Polo oder ein VW Golf steht. Oder – politisch korrekt kann nur der sein, der die Realität nicht kennt – ob der Vater noch ein paar Kumpels zum Bier mit einladen kann oder nicht.

Effektiver ist das, was insbesondere die nördlichen europäischen Länder machen (wohl weniger gehemmt durch ideologische Denkverbote, die Deutschland in der Familienförderung im Grunde ein verlorenes Jahrzehnt beschert haben). Nämlich die konkreten, direkt bei den Kindern ansetzenden Hilfen: Unterstützung der Kindergärten, Ausbau und Verbesserung der Krippen und Horte sowie Investitionen in die Schulen (in Finnland etwa gibt es möglicherweise den einen oder anderen VW Golf weniger, aber dafür eben zwei Lehrer pro Klasse).

Die direkte, konkrete Unterstützung ergibt Sinn. Die Stärkung der kindlichen Lebenswelten nämlich kommt bei *allen* Kindern an. Das hilft *jeder* Familie. Dass dadurch die Entwicklung der Kinder insgesamt besser läuft, lässt sich klar belegen.

Wir brauchen diese kommunale Form der Familienförderung aber auch für eine andere Aufgabe unserer Gesellschaft, und zwar dringend: für die Integration. Denn Sprachkurse und Geschichtsunterricht für Erwachsene mit Migrationshintergrund in Ehren – wirklich porentief und nachhaltig läuft Integration nur im Kindesalter ab. Nur da kann der eingebaute Lernmotor genutzt werden, das geniale kindliche Sprachlernprogramm etwa. Für die Integration ist der soziale Quirl der Kindergruppe unverzichtbar.

Vor diesem Hintergrund stimmt bedenklich, dass gerade der Kindergarten der blinde Fleck der Politik zu sein scheint. Niemand würde heute für eine moderne Gesellschaft ein Schulsystem akzeptieren, in dem Kinder für den Besuch einer öffentlichen Schule Geld bezahlen müssen. Das Lernen ist dafür viel zu wichtig, auch für die Gesellschaft als Ganzes! Für die Kindergärten aber wird dieses Argument systematisch ignoriert.

Das haben gerade diejenigen auszubaden, die vom Besuch eines Kindergartens am meisten profitieren würden. Tatsächlich gibt es in diesem Land nicht wenige Dreijährige, die kein Deutsch können. Gehen sie in einen Kindergarten, so haben sie es in aller Regel gelernt, bis sie in die Schule kommen. Aber eben das passiert oft nicht. »Viele Eltern bringen ihre Kinder erst im letzten Kindergartenjahr zu uns, aus Kostengründen, weil das letzte Jahr kostenfrei ist. Aber Deutsch lernen in einem Jahr, das geht nicht!«, so die Leiterin einer Kita mit einem Migrantenanteil von 97% in Frankfurt. Die Aussage wird von der Statistik unterstrichen: Kindergartenbeiträge (auch wenn sie auf dem Antragsweg in Härtefällen teilweise oder ganz erstattet werden), stellen gerade für Kinder ein Hindernis dar, bei denen es eben zu Hause nicht so gut läuft oder in deren Familien kein Deutsch gesprochen wird. Aber die tollste Schule kann nicht funktionieren, wenn die Kinder mit Sprachschwierigkeiten, Verhaltensproblemen oder mangelnder Konzentrationsfähigkeit zu kämpfen haben. Bildung setzt an gelungener Entwicklung an. Und Integration, die nicht im Kindergartenalter passiert, kann auch in der besten Schule nicht nachgeholt werden.

Insofern ermangelt es nicht einer gewissen Ironie, dass die erste grün-rote Koalition in Baden-Württemberg zwar ein Integrationsministerium schuf – die im Wahlkampf noch lautstark vorgetragene Forderung nach Abschaffung der Kindergartenbeiträge in den Koalitionsverhandlungen dann aber fallen ließ. Dafür wird wieder einmal eine Schulreform angepackt. Ohne dass die Entwicklungsrisiken schon bei den kleinen Kindern konsequent angegangen werden, wird das jedoch kaum funktionieren.

Es ist schwer, arme Familien reich zu machen, das sehe ich auch. Ganz sicher aber werden die Familien ihr Armutsproblem nicht über das Kindergeld lösen können. Das kann nur über die Kinder gelingen – vorausgesetzt, wir bieten diesen ein sozial gerechtes, reichhaltiges Lernumfeld. Also Kitas und Schulen, in denen die Kinder sich gut entfalten können, unabhängig davon, ob ihr Papa Aufsichtsrat oder Arbeitsloser ist. Diese Lern- und Entwicklungswelten zu stärken – und für alle Kinder zu öffnen –, das sollte der Schwerpunkt der Familienförderung sein.

Die Rolle der Krippen

Braucht man dazu auch Krippen? Lange Zeit wurde behauptet, kleine Kinder seien nur bei ihrer Mutter gut aufgehoben, nur da fänden sie das große Maß an Liebe und sicherer Bindung, dessen es für eine günstige Entwicklung bedarf.

Das ist aus evolutionärer Sicht nicht haltbar. Für die Betreuung ihrer Kinder stützten sich Mütter schon immer auf ein Netz von Helfern – wir haben es kennengelernt.[15]

In welchem Ausmaß dabei Fremdbetreuung genutzt wurde, hing stark von den Arbeits- und Lebensbedingungen ab. Wo Babys etwa in einem Lager zurückgelassen werden können, helfen sich Mütter beim Hüten (und sogar beim Stillen) gegenseitig aus und gehen auch ohne ihr Baby zum Sammeln. Bei den Kung in der Kalahari dagegen nehmen die Mütter ihre Babys mit sich, wo immer sie hingehen – in der dortigen Halbwüste die einzig sichere Lösung. Also: Fremdbetreuung ist nicht etwa »gegen die menschliche Natur«, sie ist eine natürliche, in unterschiedlichem Ausmaß genutzte Option. Eine Option, die sich auch im Bindungssystem der Babys widerspiegelt – rund um den Globus entwickeln Babys ihr Urvertrauen, egal ob sie ausschließlich von einer oder von mehreren Betreuungspersonen versorgt werden.

Viel interessanter ist aus evolutionärer Sicht eine andere Frage, die in dem ideologischen Hin und Her fast vergessen wurde – nämlich die nach der Qualität der Betreuung. Felix Berth hat den Finger mit einem mutigen Artikel in der *Süddeutschen Zeitung* in die Wunde gelegt und die Frage aufgeworfen, ob nicht manche Krippen in diesem Land den Straftatbestand der Kindeswohlgefährdung erfüllen. Eindeutig, wir müssen ran an diese Problematik, auch wenn die Politik es lieber bei den Glanzmeldungen vom Ausbau der Krippenfront belassen würde. Hauptsache Krippen!

Denn wie sah »Fremd«betreuung im ursprünglichen Lebenskontext der Menschen schließlich aus? Das war immer eine Betreuung durch vertraute, in das soziale System der Eltern eingebundene Menschen. Das ergab sich ja schon aus der kleinen Gruppengröße von Jäger- und Sammlergemeinschaften. Man kannte sich, man war in ein gemeinsames Netz eingebunden. Die »Fremd«betreuung fand in einem – räumlich und personell – vertrauten Umfeld statt.

Deshalb ist die Krippendiskussion aus evolutionärer Sicht eine Scheindiskussion. Beide Modelle, die da heute gegeneinander antreten, entsprechen nicht dem evolutionären Muster. Weder gab es im evolutionären Kontext eine Betreuung durch wirklich »fremde« Personen in einem fremden Umfeld – noch gab es die Betreuung durch eine Mutter, die sich nur um ihr Kind gekümmert hätte. Die »arbeitende« Mutter und die ihr Kind betreuende Mutter – das waren in der menschlichen Stammesgeschichte ein und dieselbe Person.

In der Praxis liegen Herd und Arbeitsplatz ja meist auch viel näher beieinander, als es in dem Pulverdampf des Gefechts den

Anschein hat: Die Mutter, die ihr Kind in eine Krippe gibt, betreut ihr Kind ja auch weiterhin zum größten Teil – nur eben nicht während der Arbeitszeit. Sie gibt ihr Kind in eine *Krippe*, nicht in ein Waisenhaus! Und die Mutter, die zu Hause ihr Kind betreut, arbeitet in aller Regel auch – nur eben ohne dafür bezahlt zu werden. Ja, manche »Hausfrau« verbringt mehr Zeit mit der Pflege einer Oma als eine andere Frau am Arbeitsplatz. Lassen wir die Kirche doch im Dorf!

Die gute Krippe

Was heißt aber dann »kompetente Kinderbetreuung« heute, wo wir nicht mehr in untereinander eng verwandten Stämmen, Clans und Großfamilien leben und für die Betreuung der Kinder meist ja tatsächlich fremde Hilfe in Anspruch nehmen müssen? Wie muss Fremdbetreuung aussehen, damit sie dem kleinen Menschen das bietet, was er für seine Entwicklung braucht?

ERSTENS. Wir brauchen nicht irgendwelche Krippen, sondern Krippen, die auf die Bedürfnisse eines kleinen Homo sapiens zugeschnitten sind. Kleine Kinder brauchen möglichst vertraute, verlässliche und stabile Verhältnisse. So wie eine Mutter mit Drillingen alleine scheitern *muss*, so muss auch Krippenbetreuung mit den heute üblichen Stellenschlüsseln scheitern. (Der Personalschlüssel in Kindertageseinrichtungen mit Kindern von Null bis Drei liegt in Deutschland übrigens im Schnitt bei fünf, in Brandenburg sogar bei sieben – es scheint dort wirklich an der Zeit, die Legehennenverordnung auf Kinder zu übertragen.) Ein großes Problem ist zudem die Fluktuation des Personals. Ja, kleine Kinder können neue Bindungen eingehen, aber das braucht Zeit – Bindung passiert nicht nach dem Neubesetzungsplan.

ZWEITENS. Fremdbetreuung führte das kleine Kind im evolutionären Modell nicht in eine fremde Welt – vielmehr kümmerten sich vertraute Personen an einem vertrauten Ort um das Kind. Das lässt sich auch heute schaffen – allerdings nur mit einer langen Eingewöhnungsphase, während der die neuen Bezüge wachsen können!

DRITTENS. Im Gegensatz zu den Annahmen mancher Bildungspolitiker brauchen Krippen kein Personal, das auf der Universität gelernt hat, die Entwicklungsstadien nach Brazelton herunterzubeten, sondern sie brauchen erfahrene, kompetente, liebevolle und möglichst verlässlich verfügbare Betreuungspersonen. Menschen mit dieser Qualifikation sind selten geworden. Bisher galt die Devise: Für Babys sorgen, das kann jeder, das muss deshalb auch nicht wirklich bezahlt werden. Das kann nicht angehen. Um noch einmal ein paar Jahresboni zu verteilen: Vom Jahresbonus von zehn Spitzenbankern könnten 15.000 Betreuerinnen einen jährlichen Bonus von 10.000 Euro erhalten – vielleicht ein weiterer Grund, Boni etwas sozialverträglicher zu besteuern?

VIERTENS. Das evolutionäre Betreuungsarrangement sieht vor, dass Mütter ihr Kind bei der Arbeit möglichst weitgehend und flexibel bei sich haben können. Das ist das Ur-Modell der Babybetreuung. Und was spricht eigentlich dagegen, genau das auch heute zu fordern? Wo sind denn die Halbtagsstellen, die flexiblen Arbeitszeiten für Mütter? Wo sind denn die Arbeitsplätze, an denen eine Mutter ihr Baby bei sich haben kann – und sei es nur eine Zeit lang? Wo die Krippe im Betrieb, in der man zum Stillen mal vorbeischauen kann? Wo steht eigentlich geschrieben, dass eine Firma ein kinderfreier Bezirk sein muss? Wenn die Erhöhung des Renteneintrittsalters ein Anlass für Streiks war – warum nicht für das Recht auf elterliche Kinderbetreuung am Arbeitsplatz einmal die Sozialpartnerschaft wackeln lassen? Sozialpartnerschaft schließt doch die Kinder mit ein! (Und so originell wie die Sit-Ins der 68er wären Baby-Bring-Ins allemal ...)

FÜNFTENS. Die Mutter entscheidet, nicht die Politik, die Kirche oder irgendwelche Krippen-Skeptiker (die ja meist Männer sind, denen ihr Beruf über alles geht – von Theodor Hellbrügge bis zum Papst). Es gibt Kinder, die von ihrem Naturell her nicht so gut in einer Krippe zurechtkommen und vielleicht bei einer Tagesmutter besser aufgehoben sind. Und umgekehrt sind manche Kinder in der Krippe besser dran. Das wissen die Eltern am besten. Und sie wissen auch am besten, was ihnen selbst guttut: Die eine Mutter findet das Leben zu Hause mit dem Säugling wunderbar, eine andere fühlt sich in der gleichen Situation vom Leben ausgeschlossen. Nur was die unmittelbar betreuende Person selbst als erstrebenswert erachtet, kann langfristig auch für das Kind funktionieren.

SECHSTENS UND LETZTENS. In der Zeitung wurde kürzlich berichtet, dass Rentner sich im Emsland ein Dorf bauen wollen, um dort den Lebensabend zu genießen. Im Grunde stünde heute, wo vielen Eltern ihr »Stamm« abhandengekommen ist, auch für die jüngere Generation eine ähnliche Suche auf dem Programm: Wie können Menschen mit Kindern wieder einen »Stamm« finden – einen Stamm in neuer, moderner Form? Wie können sie der Vereinzelung entkommen, die das Leben mit Kinder heute nur allzu oft mit sich bringt?

Kurz: Wir sind viel zu brav. Dass sich unsere Kinder wohlfühlen und dass wir uns mit unseren Kindern wohlfühlen, *das ist unsere Zukunft*. Wenn wir das nicht schaffen, brauchen sich unsere Eliten bald auch nicht mehr in Davos zu treffen, um über die Zukunft nachzudenken. Vielleicht haben wir wirklich zu lange die Banker, die Macher und Manager bejubelt, anstatt Tagesmütter, Erzieherinnen, Großmütter, Eltern und, ja: auch Kinder zu feiern. Vielleicht ist es an der Zeit, dass alle, die für Kinder sorgen, etwas lauter werden. Bildet Banden!

Uns selbst neu entdecken

Wer die Krankheit hat, keine Ungerechtigkeiten ertragen zu
können, darf nicht zum Fenster hinaussehen und muss die
Stubentür zuschließen. Vielleicht thut er auch wohl,
wenn er den Spiegel wegnimmt.

JOHANN GOTTFRIED SEUME (1806)

Wo ist das Dorf geblieben? Das war die Ausgangsfrage dieses Kapitels. Wir haben gesehen, wo es hapert. An vielen Stellen fehlt es an Aufwind und Anerkennung. An anderen Stellen an ganz praktischen Hilfen für die Kinder und die Familien. Das führt zu Forderungen. Der Forderung nach einer Geburts»hilfe« etwa, die diesen Namen auch verdient. Der Forderung nach mehr Unterstützung am Lebensanfang, besseren Krippen, nach mehr »Spielraum« für Kinder. Nach einer nicht nur auf Bildung, sondern auch auf die sonstige Entwicklung der Kinder zugeschnittenen Schule. Und und und …

Das sind wichtige Forderungen – wichtig auch für die Gesellschaft. Denn wenn wir an die Zukunft denken, landen wir noch immer viel zu oft bei den nachwachsenden Brennstoffen, dem Potenzial der Solarparks, der Infrastruktur des Standorts – und viel zu selten bei der Infrastruktur, die die Kinder für ihre Entwicklung brauchen. Solarparks sind wichtig. Aber ohne die gelungene Entwicklung unserer Kinder: Viel Spaß damit!

Wie kommen wir von den Forderungen zu wirklichen Änderungen? Darauf zu hoffen, dass die Experten (oder die Politik, die Wirtschaft, die Krankenkassen, die Gesellschaft) endlich das Richtige tun, wird nicht ausreichen. Nur wenn wir als Eltern selbst Visionen entwickeln, wie wir uns die Kindheit unserer Kinder vorstellen, wird sich etwas tun.

Und da steckt das Problem. Wo sind diese Visionen? Und was haben sie mit den Bedürfnissen der Kinder zu tun? Die absurdes-

ten Forderungen kommen doch oft genug – von Eltern. Kinder-
gärtnerinnen und Krippenleiterinnen können ein Lied davon
singen, etwa wenn beim Erstgespräch als Erstes das Thema »Förderung« angeschnitten wird: Was, in Ihrem Kindergarten gibt es
keine Computerkurse? *Und keinen Englischunterricht?* Ein paar
chinesische Schriftzeichen sollten doch zumindest im zweiten
Jahr drin sein, spielerisch selbstverständlich. Die das fragen, sind
oft Teil der gut informierten »Eliten«, womit sich dann doch die
Frage stellt, warum da so viele Forderungen gestellt werden, die
mit den kindlichen Bedürfnissen nur wenig zu tun haben – es ist
ja nicht so, dass die Diskussion um die Vor- und Nachteile der
Frühförderung im Untergrund abläuft.

Für mich führt diese Frage zurück zum eigenen Lebensmodell.
Vielleicht werden zu oft die eigenen Ziele auf die Kinder übertragen. Vielleicht richten wir zu oft die Forderungen, die wir an uns
selbst stellen, auf unsere Kinder – die dann Anerkennung, Bewunderung und die Trophäen für herausragende Leistungen für uns
einzusammeln haben. Wie Rennpferde, auf die wir – unbewusst –
unseren Einsatz setzen. Nein, wie Taschendiebe, die uns Tag für Tag
treu und brav ihre Beute abzuliefern haben. Eltern, davon bin ich
überzeugt, können den kindlichen Bedürfnissen nicht gerecht
werden, wenn sie sich nicht auch selbst hinterfragen: Wie wollen
wir selbst leben? Wofür treten wir ein? Das Modell von Kindheit
in unserem Kopf ist nie weit entfernt von dem Modell von Leben,
das wir im Herzen tragen.

Wir brauchen diesen Blick auf uns selbst dringend. Nehmen
wir als Beispiel die Erziehungspädagogik der letzten 20 Jahre, wie
sie etwa in vielen bis heute angebotenen »Elternkursen« ihren
Ausdruck findet. Da wird oft so getan, als ginge es nur um die
Kinder, und die Eltern bräuchten nur zu lernen, wie sie deren Verhalten besser lenken können: indem sie erwünschtes Verhalten
belohnen, dem unerwünschten Verhalten dagegen »Grenzen setzen«. Und wo, bitte schön, kommen da die Eltern vor? Könnte es
nicht sein, dass auch die sich ändern müssen, damit es in der Familie besser läuft? Dass auch sie sich neu finden müssen, damit

nicht nur das Verhalten, sondern die Beziehungen in Ordnung kommen?

Oder nehmen wir als ein anderes Beispiel die Geburtshilfe, der ich nicht ohne Grund ein ganzes Kapitel gewidmet habe. Wer soll denn dieses System bremsen, das da gerade mit Karacho gegen die Wand fährt? Das Schwangerschaft und Geburt immer mehr als Resultat eines geglückten Risikomanagements sieht – und deren Dimension als Lebens-Erfahrungen immer weiter reduziert? Die Krankenhäuser? Sie fahren mit dem Status quo ganz gut. Der Gesundheitsminister? Er kann keine andere Geburtshilfe verordnen. Die Krankenkassen? Sie müssen bezahlen, was an Leistungen erbracht wird – je »technischer« die Geburt, desto üppiger, so will es das »Gesundheits«system. Nichts wird sich ändern, es sei denn, die werdenden Eltern setzten ihre eigenen Prioritäten in die Tat um. Es sei denn, sie sagten immer öfter einmal laut und deutlich: Macht das doch anders, oder macht es ohne mich!

Und das ist höchste Zeit. Wie in anderen Gesundheitsfragen auch schüttelt doch längst ein großer Teil der Mediziner selbst den Kopf, was da empfohlen, verordnet und oft genug zu klingender Münze verwandelt wird. Welchen Grund soll denn eine gesunde Frau haben, eine Klinik mit einer Kaiserschnittrate von an die 50% aufzusuchen, wenn sie für sich selbst eine Vaginalgeburt wünscht? Auch Gynäkologen tauschen sich unter vorgehaltener Hand darüber aus, an welcher Klink man »Vaginalgeburt verlernt« habe.

Und welchen Grund, bitteschön, soll eine Mutter haben, sich von irgendjemandem vorschreiben zu lassen, wie lange sie stillen soll (seit Hunderttausenden von Jahren Entscheidung der Mutter), ob sie ihr Baby tragen soll oder nicht (ebenso lange ihre Entscheidung), ob sie ihr Kind nachts bei sich haben will (dito), ob sie ihr Kind in eine Krippe gibt oder nicht. Und welchen Grund, bitteschön, sollten wir haben, bei allem, was wir tun, zuallererst das Risiko zu sehen? Ja, es sind schon Babys aus den Armen ihrer Eltern gefallen – heißt das, dass wir unsere Kinder deshalb nicht mehr in den Arm nehmen sollen? Wo mögliche Risiken

absolut gesetzt werden, bleibt möglicherweise das Leben auf der Strecke.

Und warum geht es immer zuallererst um das, was wir den Kindern zu *bieten* haben? Die richtige »Förderung«, der Baby-Schwimmkurs, der tolle Kindergeburtstag, die neue »Methode« ... Kinder gedeihen nicht durch das, was wir für sie tun, sie gedeihen durch die *Beziehungen*, in denen sie leben. *Das ist die Matrix*, in der sie lernen, das war schon immer der Grundstoff ihrer Entwicklung. Nicht das tolle Servicepaket, das wir für sie zusammenschnüren.

Wie wollen wir zusammen leben? Was wollen wir für uns selbst? *Das* ist für mich die entscheidende Frage, noch bevor wir Forderungen stellen. Ja, vielleicht wird die Erziehungsdebatte erst dann weiterkommen, wenn wir uns selbst auf die Suche machen. Denn solange wir nicht mutiger und offener werden, bleiben wir Spielball der Meinungen, des seichten Gesäusels im Strom der Zeit. Babys müssen eine Zeichensprache lernen, damit sie »kommunizieren« können. Ach ja? Wird schon stimmen! Nur das Kinderkriegen in einer Klinik ist eine sichere Wahl. Wirklich? Wenn die Ärzte das sagen, wird es wohl so sein. Die Kindergärten sollten mehr für die Bildung tun. So so. Ohne Noten in der Schule geht es nicht. Echt nicht?

Es ist an der Zeit, dass wir uns nicht mehr hinter gängigen Meinungen verstecken. Es ist an der Zeit, dass wir uns ein eigenes Bild machen von dem, was Menschenkinder für ihr Leben brauchen.

.

FAZIT:
ERZIEHUNG NEU DENKEN

In der Erziehungsdebatte geht es zu wie an der Diätfront. Groß raus kommt, wer Großes verspricht. Je größer, desto besser. Abnehmen im Schlaf!

Nehmen wir einmal Amy Chua mit ihrem »chinesischen« Erziehungsmodell. Erziehung gilt bei ihr dann als geglückt, wenn ein Kind Klassenbestes ist – in *allen* Fächern wohlgemerkt (außer in Sport). Nun sind in einer Klasse etwa 30 Kinder, da sind 29 eben *nicht* die Klassenbesten – aus rein arithmetischen Gründen. Das ändert sich auch dann nicht, wenn wir die Kinder rund um die Uhr auf Siegen drillen. Frau Chua mag Ehrgeiz haben, aber wenig Logik.

Aber immerhin ist sie ehrlich: »Die Achillesferse des chinesischen Erziehungsstils ist sein Umgang mit dem Scheitern: Diese Möglichkeit ist einfach nicht vorgesehen.«

Was für ein geniales Erziehungskonzept! Was für eine praktische Hilfe für reale Kinder in einer realen Welt!

Bleiben wir bei der Arithmetik. Michael Winterhoff behauptet: 70% der deutschen Kinder seien »gestört«. Das stellt mich vor ein persönliches Rätsel. Da ist das Abendland am Untergehen, und ich habe es nicht mitbekommen! Ich habe vier Kinder, mit denen haben wir als Familie gut und gerne 50 Kindergeburtstage gefeiert, mit Hunderten von anderen Kindern. Wir haben viele Vereine und Musikgruppen von innen gesehen, jede Menge Schulveranstaltungen besucht und auf vielen Reisen so manche Familie kennengelernt. Ganz zu schweigen von den vielen tausend kleinen oder größeren Patienten, denen ich als Kinderarzt begegnet bin. Die Kinder kamen mir vor wie eine ganz normale Mischung: manche ganz wunderbar, manche ganz okay, und manche: na ja. Eben wie bei den Erwachsenen.

Ein anderer Kollege nimmt sich die »heranwachsende Jugend« vor: »Mangelnde Anstrengungsbereitschaft, Spaßhaltung, Selbstmitleid und eine unstillbare Konsumgier prägen das Leben eines großen Teils der heranwachsenden Jugend.« Der ehemalige Schulleiter Bernhard Bueb scheint also zumindest seinen Sokrates draufzuhaben, denn der wusste schon vor 2500 Jahren: »Die Jugend liebt heutzutage den Luxus. Sie hat schlechte Manieren, verachtet die Autorität, hat keinen Respekt vor den älteren Leuten und schwatzt, wo sie arbeiten sollte.«

Überall Schablonen, Klischees und billiger Populismus. Die . . . Generation von Problemfällen. Deren Eltern: Was die ardon: Was sie alles »fast richtig« machen. ɔch die Liebe zu den Kindern ist (schon genau zu erklären, liefert ein anderer Experte enau zu erklären, liefert ein anderer Experte Und sie beweist klipp und klar, dass auch die

Liebe mit den Eltern steht und fällt. Denn: »Erziehung = Betreuung + Liebe«! Im Umkehrschluss ist damit für unseren tapferen Mathe-Pädagogen der Fall klar: »Betreuung = Erziehung − Liebe«. Auf diesem Niveau spielt sich das Erziehungsgeschwätz ab. Wir haben gar keine andere Wahl, als in die Tiefe zu gehen und Erziehung noch einmal grundsätzlich zu betrachten!

Von Kindern und Katzen

Wir Großen bringen den Kleinen die Tricks des Lebens bei − das ist das gängige Modell von Erziehung. Wir »ziehen« sie, als Lehrer, als Motivierer − und natürlich als Vor-Bilder. Die Kleinen sind Passive, Beförderte, Belehrte, ja, Beschenkte. Das Modell gibt es in mehreren Ausführungen: in einer etwas älteren, autoritären Fassung (Erziehung ist da vor allem Zurichtung, Drill und Züchtigung) oder in moderner, pädagogisch-didaktischer Ausstattung − zentrale Anliegen sind hier Förderung und Bildung.

Entspricht das nicht dem, was wir aus der Natur kennen? Nehmen wir nur die Katzen. Die Mutter ist Vorbild und sie erzieht − und wie! Und auch sie macht es einmal in einer weicheren Version, mit viel Schnurren und Schlecken, ein andermal mit dem Austeilen von Tatzen. Und die Kleinen lernen dabei wie am Schnürchen!

Das Problem ist nur: Das Katzenmodell taugt lediglich für die Katze. Die Katze nämlich wird in ihrem Leben immer nur ihre Mäuse fangen. Das Menschenkind aber wird in seinem Leben − ja, was denn?

Genau darin liegt die Krux: Das eine Kind wird in der gemüsefreien Arktis klarkommen müssen, das andere in fruchtbehangenen Tropenwäldern. Das eine − nennen wir es Papageno − wird dort vielleicht Vögel fangen. Das andere − Aurelia − wird nach Gold graben. Eines wird von einer Schamanin erzogen werden und später trotzdem Holzfäller werden. Ein anderes wird bei einem Holzfäller aufwachsen und später Theologie studieren wollen. Das dritte wird die Schule abbrechen, als Taxifahrer jobben und später Bundesaußenminister werden. Oder, um es mit einem Blick in die Zukunft zu veranschaulichen: Während unsere Katze auch noch in 500 Jahren vor ihrem Mauseloch hocken wird, können wir uns nicht einmal vorstellen, wie Menschen in 500 Jahren leben werden, oder?

Da haben wir den Salat. Was der Katze gut ansteht (nämlich ein Abziehbild der Eltern zu sein), wäre für das Menschenkind eine Katastrophe. Eine Behinderung fürs Leben! Erziehung beim Menschen muss mehr sein als die Übergabe von vorhandenem, von anderen angesammeltem Wissen. Hätten Kinder immer nur das gelernt, was ihre Eltern können, hätte die Menschheit womöglich nie das Feuer gezähmt. Vom Internet ganz zu schweigen.

Der Weg der Kinder

Tatsächlich kann die intelligenteste und sozialste aller Arten nur überleben, indem sie sich immer wieder neu erfindet.[16]

Und das scheint besonders einem Menschenschlag aufgetragen zu sein: Kindern und Jugendlichen. Mehr als alle anderen Menschen sind sie dafür gerüstet, sich all das zusammenzusuchen, was es für das Beschreiten neuer Wege braucht.

Da wundert nicht, dass in keiner Lebensphase mehr »neues Wissen« gebildet wird als im Kindes- und Jugendalter. Nie ist das Potenzial für Innovation höher als vor dem Eintritt ins Erwachsenenalter. Auch die unser jetziges Zeitalter prägenden digitalen, musikalischen und sozialen Veränderungen wurden allesamt von Jugendlichen losgetreten: Facebook wurde von einem Minderjährigen gegründet. Bill Gates war schon mit 14 Besitzer seiner ersten Software-Firma. Die Beatles kaum älter, als sie ihren neuen Stil mischten. Und von woher sie die neuen Ideen und Melodien auch hatten – sie stammten ganz sicher nicht von ihren Eltern.

Erziehung beim Homo sapiens ist also nicht nur etwas, was Erwachsene an den Kindern tun, sie ist auch etwas, was Kinder mit sich selbst machen – ein Eigenlernen, eine Eigenerziehung. Lebenswissen fließt nicht nur von oben nach unten, es steigt genauso gut auf. Jedes Kind dieser Erde kann über seine Eltern hinauswachsen!

Und darin liegt, wenn Sie mich fragen, eine große Hoffnung. Denn niemand kann leugnen, dass wir Erwachsenen die Erde in keinen guten Zustand gebracht haben. Jedes Jahr wird der Bestand der Arten auf unserem Planeten kleiner. Jedes Jahr wird ein weiterer Teil der für unser aller Existenz unabdingbaren Urwälder gerodet. Jahr für Jahr steigen die Durchschnittstemperaturen der Erde näher an einen lebenswidrigen Bereich. Wir verseuchen die Atmosphäre mit den radioaktiven Produkten von Atommeilern, an deren hundertprozentiger Sicherheit der angeblich vernunftbegabte Mensch mehrheitlich nicht zweifeln wollte. Jedes Jahr rücken wir ein Stückchen näher an den evolutionären Zapfenstreich für unsere Art. Wie deprimierend, wenn Kinder darauf programmiert wären, in die Fußstapfen ihrer Eltern zu treten! Wie deprimierend, wenn wir Großen automatisch die Helden im Skript unserer Kleinen wären!

Welche Vorbilder?

Heißt das, dass Kinder sich nicht an Vorbildern orientieren?

Nein, ganz sicher heißt es das nicht, im Gegenteil. Kinder benutzen für ihr Lernen ja eine simple Taktik: Sie beobachten und sie tun. Sie brauchen Vorbilder. Allerdings: Sie suchen sich ihre Vorbilder nach einem eigenen System aus. Sie beobachten nicht wahllos, sondern »gewichtet«.

Das lässt sich schon an anderen in Sozialverbänden lebenden Primaten beobachten, wie etwa bei den Meerkatzen-Affen. Die Jungtiere lernen ihre Strategien zur Futtersuche vor allem von weiblichen Gruppenmitgliedern, die das Territorium der Gruppe gut kennen – die eingewanderten Männchen akzeptieren sie als Vorbilder nicht.

Menschenkinder gewichten noch viel stärker – je nach Alter, Geschlecht und nach der zu meisternden Entwicklungsaufgabe benutzen sie einen anderen Filter vor der Linse. Geschwister etwa können die Eltern als Vorbilder durchaus übertrumpfen, wie Experimente rund um das Thema »Essensvorlieben« belegen. Und vom Kleinkindalter an sind die Kinder in der Kindergruppe als Vorbilder unschlagbar wichtig – aber auch das nicht wahllos, sondern, wie sich etwa an der Auswertung von Blickkontakten zeigen lässt, abhängig vom Geschlecht und vom Ansehen, das ein Kind in der Gruppe genießt. Im Grunde können wir uns das Kind also wie eine Art sozialer Geigerzähler vorstellen, der seine Umwelt ständig nach einem passenden Lernangebot durchsucht und aus dem Vorgefundenen seine Schlüsse zieht – *seine* Schlüsse, wohlgemerkt.

Das erklärt auch das Phänomen des Generationenkonflikts. Anders als manchmal angenommen sind Konflikte zwischen den Generationen nicht naturgegeben. Zwar haben die Alten wohl immer etwas an den Jungen auszusetzen – aber zwischen manchen Generationen gibt es deutlich mehr Zoff als zwischen anderen. Derzeit ist eher Friede angesagt – Eltern besuchen die gleichen Konzerte wie ihre Kinder, Mütter tragen auch gerne bauchnabelfrei und haben in etwa die gleichen Lebensziele. Da traut man sich kaum an die Generation zuvor zu denken (meine Generation), wo so ziemlich *alles* Anlass zu Zoff gab – von der Länge der Haare bis zur politischen Anschauung. Liegt das daran, dass die Kinder heute »besser erzogen« sind? Oder dass sich die Alternativ-Generation von ihren Nazi-Vätern emanzipieren musste? Eher nicht, die Alternativbewegung war in *allen* westlichen Industrieländern fest verankert.

Schon eher kam der Zoff daher, dass sich in dieser Zeit die Gesellschaft und da insbesondere die Arbeitsbedingungen sehr schnell verändert haben – schneller als zu jeder anderen Zeit der jüngsten Geschichte. Aus der hierarchischen Industrie- und Akkordarbeiterwelt wurde eine Dienstleistungsgesellschaft, in der nicht Unterordnung, sondern Eigeninitiative, Selbstständigkeit und Teamarbeit gefragt war. Und niemand merkte das schneller als die Jugend. Deren Aufgabe ist nun einmal die: die Antennen ganz weit auszufahren, um rasch zu erkennen, wohin die Reise geht, die ja ihre Lebensreise sein wird.

Eigenerziehung, wie gesagt.

Das evolutionäre System

Gehen wir noch einmal zurück zur evolutionären Perspektive. Da liegt ein Einwand doch nahe: Dass für Kinder bei der Erziehung ursprünglich so viel Eigenleistung vorgesehen war, könnte ja daran liegen, dass es ursprünglich einfach nicht so viel von anderen zu lernen gab!

Das stimmt nicht. Auch in Jäger- und Sammlergemeinschaften haben Kinder ein enormes Lernpensum zu bewältigen – und das schon deshalb, weil es dort nur wenig Arbeitsteilung gibt. Statt sich auf eine bestimmte Lebensaufgabe zu spezialisieren, muss jedes einzelne Kind sich einen Großteil des bekannten Kulturwissens aneignen. Um zu angesehenen Jägern zu werden, müssen sich etwa die Jungs mit der Lebensweise von bis zu 300 verschiedenen Säugetier- und Vogelarten auskennen, vielfältige Jagdwerkzeuge herstellen, Hütten bauen können, das Terrain und das Wetter kennen, die Mythen, Musik, Tänze und Geschichten ihres Stammes teilen können, und vieles mehr. »Die Mädchen müssen lernen, welche der zahllosen Wurzel-, Knollen-, Nuss-, Samen-, Frucht- und Blattarten ihrer Umgegend essbar und nährstoffhaltig sind, wann sie sich wo finden lassen, auf welche Weise Wurzeln und Knollen auszugraben sind, wie sich die essbaren Teile einer Pflanze am besten von den nicht essbaren trennen lassen. Sie müssen auch wissen, wie sie manches Sammelgut so verarbeiten, dass es essbar wird oder einen höheren Nährwert erhält«, so der Ethnopsychologe Peter Gray vom Boston College, USA. Von wegen, da gab es wenig zu lernen!

Optimale Erziehung?

Ganz sicher illustriert dieser Ausflug in die Vergangenheit aber auch das: Was genau es für Kinder im Verlauf ihrer Entwicklung zu lernen gab, war ganz unterschiedlich. Der Sohn eines Robbenfängers in der Arktis hatte einen anderen »Lehrplan« zu bewältigen als ein Indianer im Hochland der Anden. Das ist auch noch heute so. Die Kindheit eines türkischstämmigen Kindes in einem Plattenbau in Berlin unterscheidet sich enorm von der eines Kindes in einer Arztfamilie in München. Und das gilt auch für die »Erziehung«, die beide erfahren: Erziehung ist Teil von dem, wie wir leben und wer wir sind. Kein Wunder also, dass man genauso wenig nach Rezept erziehen kann, wie man nach Rezept leben (oder gar eine Ehe führen ...) kann. Wenn man das könnte, wären wir ja alle diese tollen, gesunden und überaus inspirierten Typen, die uns die Ratgeber als Vorbilder vor die Nase halten (und Scheidungen gäbe es auch keine).

Den Weg zur »richtigen« Erziehung muss jeder selbst finden. Und das ist gut so. Denn der Rahmen, in dem wir leben, denken und arbeiten, wird ja immer neu geschaffen, mit jeder Generation, in jeder Gesellschaft, jeder sozialen Schicht, jeder Familie. Ein auf das Leben gut vorbereitetes Kind – das ist an jedem Ort und zu jeder Zeit ein anderes: ein Kind in Freising, Bayern, muss anders ticken als ein Kind in Frei Sing, China. Und unser Kind in Freising, Bayern, ist heute ein anderes Kind als eines in Freising anno 1912.

Eindeutig: Erziehung ist kein Naturprodukt, sie ist eine permanente Neuerfindung. Es gibt beim Menschen so wenig eine Ur-Erziehung, wie es eine Ur-Sprache gibt.

Und doch baut die kindliche Entwicklung auf den immer gleichen Elementen auf. So wie gänzlich verschiedene Sprachen doch eine gemeinsame »Tiefenstruktur« besitzen, so beruht auch die gelungene Entwicklung eines Menschenkindes auf einer immer gleichen Tiefenstruktur an Erfahrungen. Dieses Buch handelt von diesen grundlegenden Erfahrungen – ich habe sie als »artgerechte« Bedingungen bezeichnet: eine verlässliche frühkindliche Bindung etwa, reichhaltige soziale Erfahrungen unter Kindern und selbstgesteuertes Lernen, um drei wichtige Facetten aufzugreifen (siehe Kapitel »Die richtige Förderung«, Seite 90).

Kinder, die durch die äußeren Umstände oder durch die Erziehung in diesen Erfahrungen beschnitten werden, haben es mit ihrer Entwicklung schwerer. Das gilt in Freising genauso wie in Frei Sing. Kinder, die nicht mit ihresgleichen spielen dürfen, werden ängstlich und verzagt – schon immer, egal wo, und auch heute noch. Kinder, die als Säuglinge keine verlässlichen Beziehungen erfahren, haben es auch im Erwachsenenleben mit ihren Beziehungen schwerer, schon immer und auch heute noch. Was Kinder stärkt, was sie fit macht und gesund erhält – da reden auch heute noch unsere Anlagen mit, wie sie sich als Antwort auf die Herausforderungen der Vergangenheit entwickelt haben.

Das heißt nicht, dass wir es mit unseren Kindern so machen müssen wie »früher«. Und das heißt auch nicht, dass wir unseren Kindern nicht Ziele setzen dürfen, die über das ursprüngliche Repertoire der Kinder hinausgehen: von Latein bis Word for Windows. Das ist nicht »unevolutionär« – es liegt in der Natur des Menschen, dass er Kultur schafft, unerwartet Neues also. Die Moderne will gestaltet sein, mit neuen Mitteln, neuen Techniken, neuem Denken. Jede Gesellschaft, jede Familie setzt ihren Kindern Ziele, ob bewusst oder unbewusst, und das ist gut so.

Die Winde kennen

Wir sollten uns jedoch klar darüber sein, wo diese »neuen« Forderungen mit den »alten« Erwartungen kollidieren. Kinder können die neuen Wege nur gehen, wenn sie sich auf die angestammte Tiefenstruktur ihrer Entwicklung verlassen können. Dieses Fundament macht sie stark und für die menschliche Gemeinschaft kompetent. Das ist – aus meiner Sicht – auch heute noch ihr größter Schatz. Ja, ich will es sogar so formulieren: Gerade *weil* unsere Kinder auf ganz neue Art lernen, arbeiten und leben werden, brauchen sie dieses Fundament umso dringender. Gerade *weil* sie sich kognitiv so weit strecken müssen, brauchen sie das freie Spiel. Gerade *weil* sie so sehr auf sich gestellt sein werden, brauchen sie die Erfahrungen in der Gruppe. Gerade *weil* sie in einer hoch zivilisierten Welt leben und ihre Gesundheit erhalten müssen, brauchen sie eine »wilde« Kindheit.

Die evolutionären Prägungen sind keine Verordnungen. Aber, das ist meine feste Überzeugung, sie geben einen Rahmen für die Erziehung vor. Verlassen wir diesen Rahmen, so fallen zwangsläufig *Kosten* an. Mögliche Nachteile für die körperliche, seelische oder soziale Entwicklung. Wir sollten sie kennen.

Beispiele sind uns in diesem Buch viele begegnet: Sollen Kinder in altersgemischten Gruppen aufwachsen oder nur mit Kindern auf gleichem Entwicklungsstand? Was sind die Vorteile, was die Kosten? Sollen wir die Kinder durch spezielle Kurse fördern – oder auf die Entwicklungsförderung des Spiels vertrauen? Brauchen Kinder mehr Grenzen oder brauchen sie mehr Freiheit – oder, vielleicht, die richtige Balance von beidem?

Das Fundament des Zusammenlebens

Auch für uns als Gesellschaft ist die »Tiefenstruktur« der kindlichen Entwicklung kein alter Hut. Im Gegenteil. Die Frage nach den artgerechten Bedingungen ist vielleicht unser wichtigster Aktivposten für die Zukunft. Wollen wir bei den neuen Wegen, die wir als Gesellschaft gehen, nicht im Abgrund landen, so brauchen wir einen Blick auf unser evolutionäres Fundament. Wir haben diesen Blick viel zu lange vernachlässigt.

Um das zu erklären, will ich bewusst kurz wegschwenken vom Thema »Erziehung«, ja sogar weg von den Kindern. Wir leben als Homo sapiens ein auf wechselseitige Abhängigkeiten gegründetes Leben – nicht nur innerhalb unserer Art, sondern auch in Bezug auf andere Arten: Sterben die Bienen aus, wer bestäubt unsere Garten- und Feldfrüchte?

Hinter uns liegt eine historische Phase, in der wir diese gegenseitige Abhängigkeit, dieses Eingebundensein wenig wahrgenommen haben. Die Erde war riesig. Sie war reich, reich im Überfluss – reich an Arten, sauberer Luft, sauberem Wasser, wertvollen Bodenschätzen. Wenn es Probleme gab, ließen sie sich mit immer wirksameren technischen Mitteln lösen. Wurde das Wasser schmutzig, konnten wir immer ein Stück weiter stromaufwärts ziehen. Heute leben wir alle – im übertragenen Sinn – stromabwärts. Jeder Stoff, den wir freisetzen, landet irgendwann wieder vor unserer Tür. Jeder Baum, den wir nicht neu pflanzen, kann das Gleichgewicht verschieben. Wir sind jetzt an unseren Grenzen angelangt. Unsere Wirkungen fallen immer rascher auf uns zurück. Wir werden umdenken müssen, so viel ist sicher.

Und dazu werden wir als Art, als Gesellschaft, als Gruppe wieder besser zusammenarbeiten müssen. Und *das* führt uns wieder zurück zu unseren Kindern und zu ihrer Erziehung. Denn dieses Zusammenarbeiten ist seit der Steinzeit in uns angelegt. Soziale Kompetenz war über die längsten Strecken der menschlichen Stammesgeschichte die Grundvoraussetzung einer gelungenen Entwicklung. Sie ist heute so entscheidend wie zu Zeiten, als noch

Hyänen um das Lager schlichen und gemeinsam abgewehrt werden mussten. Dasselbe gilt für unsere Fähigkeit, uns in andere hineinzuversetzen, ihre Motive und Gefühle zu verstehen – auch das eine bei Homo sapiens tiefgründiger als bei jeder anderen Art angelegte Fähigkeit.

Nein, wir müssen es nicht genauso machen wie die Menschen damals. Wir brauchen unsere eigenen Visionen. Aber wir werden dafür die gleichen Fähigkeiten brauchen, wie sie die Kinder auf ihrem Weg durch die Menschheitsgeschichte entwickelt haben.

Wir können nur hoffen, dass unsere Kinder in der Lage sein werden, diesen Schatz immer wieder neu zu entdecken.

Danksagung

»Langeweile wird durch Neugierde geheilt.

Für Neugierde gibt es keine Heilung.«

DOROTHY PARKER

Wir Erwachsene haben uns daran gewöhnt, immer neue Geschichten über Kinder zu erfinden. Was sie wollen, was sie brauchen, wer sie sind. Dabei haben unsere Kinder selbst eine Geschichte zu erzählen, eine unglaublich spannende Geschichte. Dieses Buch handelt davon. Dass ich dieser Geschichte zuhören durfte, habe ich zunächst einmal meinen Kindern zu verdanken: Simon, Johannes, Judith und Aaron.

Und es gibt noch ein paar andere – nein, viele – Leute, die mich bei diesem Buch getragen und beflügelt haben. Vor allem durch ihre Neugierde, das war der wichtigste Treibstoff. Aber auch durch ganz konkreten Beistand. Und wie sie nun vor meinem inneren Auge stehen, muss ich ihnen einfach von Herzen danken. Da es so viele sind, seien sie hier nicht einzeln genannt. Mit zwei Ausnahmen: Mein Zwillingsbruder Ulrich Renz hat hier einmal wieder schwer mitgeschuftet (geschieht ihm recht, er hat mir früher immer den Brei weggegessen). Und Arne Schäffler, Freund und Mitautor meines Buches *Gesundheit für Kinder*, hat mir zur richtigen Zeit das Manuskript zerrissen – Fundamentalkritik, Sie wissen schon. Eine wundervolle Sache, zumindest für den Leser.

Und noch was. Eine Streitschrift hat es so an sich, dass man auch mal die Giftpfeile aus dem Köcher zieht und in die Landschaft verschickt. Es wäre schön, wenn nicht alles gleich auf der Goldwaage landet, ja? Viel spannender wäre es doch, wenn jeder sich eine Meinung bildet und sich seinerseits ins Getümmel stürzt. Dafür würde ich auch Sie, liebe Leserin und lieber Leser, gerne in diese Danksagung mit aufnehmen, den Platz hat es noch!

Gegen das Erziehungsgeschwätz!
12 Thesen

1 ERZIEHUNG – EINE SPIELWIESE FÜR SPEKULANTEN! Immer neue Theorien erklären, wie Kinder am besten zu erziehen sind. Da ist nur ein Problem: Die Theorien ändern sich ständig – und sie widersprechen sich. Die Eltern stehen damit vor einer ernüchternden Tatsache: Ein guter Teil dessen, was über Kinder behauptet wird, ist reine Spekulation. Gut gemeint (meistens), aber trotzdem: Geschwätz!

2 NEU MASS NEHMEN! Statt unsere Kinder nach immer neuen schicken Theorien tanzen zu lassen, sollten wir an den Kindern Maß nehmen. Auf ihrem langen Weg durch die Menschheitsgeschichte haben sie das herausgebildet, was es braucht, um erfolgreich groß zu werden. Statt hinter jedem Kind einen Tyrannen oder ein Förderprojekt zu sehen, sollten wir diese Stärken der Kinder zur Grundlage von Erziehung machen!

3 ... **UND AUSMISTEN!** Viele der heutigen pädagogischen Glaubenssätze erweisen sich aus evolutionärer Sicht als Ammenmärchen: dass kleine Kinder eimerweise Gemüse brauchen, um gesund aufzuwachsen, dass sie durch zu viel Kuscheln und Nähe »verwöhnt« werden, dass es bei den Zornanfällen um die Macht im Haus geht ... oder dass die Pubertät eine hormonbedingte Betriebsstörung sei. Wie, bitteschön, hätten diese Gestörten es denn geschafft, unsere Vorfahren zu werden?

4 **GRENZEN ALS ALLZWECKWAFFE?** Heute wird so getan, als bestehe Erziehung darin, gekonnt »Grenzen zu setzen«. Das ist einfältig. Wenn Kinder zu den gefürchteten Tyrannen werden, dann ist da mehr schief gelaufen, als dass jemand vergessen hat, die Spielregeln zu erklären. Da funktionieren die Beziehungen nicht. Und die sollen durch mehr Druck und mehr Autorität heil werden?

5 **NEUER BLICK AUF DAS INVESTITIONSKLIMA!** Die Politik ist auf steigende Geburtenzahlen so scharf wie auf steigende Börsenkurse. Aber während sie das Investitionsklima für die Wirtschaft hegt und pflegt, kümmert sie sich wenig um das Klima dort, wo Kinder geboren und großgezogen werden. Doch auch Erziehung braucht eine solide Infrastruktur. Stromleitungen und Solarparks sind für die Zukunft wichtig – aber ohne die gelungene Entwicklung unserer Kinder: Viel Spaß damit!

6 **KINDER SCHÜTZEN – VOR EINEM VERSTAUBTEN BILDUNGSBEGRIFF!** Was unsere Bildungspolitiker als »frühe Bildung« verkaufen, stärkt unsere Kinder nicht, es schwächt sie. Der frühe Beginn mit formaler Bildung führt zu einem höheren Leistungspotenzial im späteren Leben? Es gibt keinen einzigen Beleg dafür, dass diese Behauptung stimmt. Aber es gibt gute Hinweise, dass ein solches Treibhausmodell von Förderung den Kindern[...] mer mehr pädagogische Fußfesseln werden d[...] resigniert!

7 BILDUNG – MIT WELCHEM ZIEL? Die Welt ist in keinem guten Zustand. Aber wir wissen angeblich genau, was wir unseren Kindern beibringen sollten. Wirklich? Schauen wir nur unsere »hochgebildeten« Eliten an: Sie sind mit Wissen und speziellen Fertigkeiten gut bestückt, in weiten Teilen aber sozial verwahrlost. (Wem das zu hart klingt, sollte die jüngste Finanzkrise studieren.) Wer eine bessere Welt will, muss neue Bildungsziele definieren!

8 VON AMY CHUA LERNEN HEISST, SOZIALE KÄLTE LERNEN. Abgesehen davon, dass der propagierte Erziehungsstil der chinesisch-stämmigen Jura-Professorin noch vor wenigen Jahren vermutlich ein Fall fürs Jugendamt gewesen wäre – wer unsere Kleinen so erziehen will, wie chinesische Kinder erzogen werden, darf sich nicht wundern, wenn sie dann auch leben werden, wie chinesische Erwachsene leben. Gelobt wird, was die Kampfkraft der Kleinen für den globalisierten Markt stählt. Wie war das noch mal mit den humanistischen Werten des Abendlands?

9 LEISTUNG, LEISTUNG, LEISTUNG – WAS FÜR EINE TRAGISCHE ENTWICKLUNG! Eine Generation, die zunehmend in den besten Lebensjahren mit Burn-out zu kämpfen hat, entwirft für ihre eigenen Kinder einen Lebensweg mit noch mehr Tempo, noch mehr Leistung, noch mehr »Förderung«. Sie funktioniert Kindergärten zu Schulen um, weil sie glaubt, Kinder, die früh Mathe lernen, seien schneller am Ziel. Moment einmal – an welchem Ziel?

10 ZEIT, UNS NEU ZU BESINNEN! Wir sorgen uns im Zoo um das artgerechte Aufwachsen der Tiere. Es ist dringend geboten, dass wir die Frage nach der artgerechten Umwelt auch für die andere Seite der Gitterstäbe stellen: Welche Umwelt brauchen Kinder, um ihre menschlichen Potenziale zu entfalten? Welche Umwelt brauchen sie, damit sie mit ihren Anlagen und Stärken zum Zug kommen?

11 SPIEL IST KINDERRECHT. Wir reden viel vom Aufmerksamkeits-
defizit-Syndrom, aber zu wenig vom Spieldefizit-Syndrom. Die
Kindheit ist keine Strecke, auf der sich Kinder für ihren Job warmlaufen. Sie ist eine Zeit, in der sich Kinder entwickeln. Dafür brauchen Kinder das Spiel – und zwar ihr eigenes Spiel, nicht das Spiel
auf Klingeltonweite der Eltern. Selbst wenn die Unterhaltungsin-
dustrie das anders sieht: Die Sternstunden der Kindheit lassen
sich nicht in einem Erlebnispark buchen!

12 UNSER PÄDAGOGISCH-PATERNALISTISCHES ERZIEHUNGSMODELL TAUGT
NICHT! Das Bild, nach dem wir Erwachsenen es sind, die unseren
Kindern die Welt erklären und eröffnen, stimmt nicht. Kinder
müssen sich die Welt auch selbst erklären und selbst öffnen. Hätten Kinder – und insbesondere die so gern gescholtenen Jugendlichen! – immer nur das getan, was ihre Eltern vorgeben, hätte die
Menschheit womöglich nie das Feuer gezähmt. Vom Internet ganz
zu schweigen. Lassen wir die Kinder über uns Großen hinauswachsen!

Anmerkungen

1   Hier das Zitat aus Freuds »Drei Abhandlungen zur Sexualtheorie« im Original: »Es ist eines der besten Vorzeichen späterer Absonderlichkeit oder Nervosität, wenn ein Säugling sich hartnäckig weigert, den Darm zu entleeren, wenn er auf den Topf gesetzt wird, also wenn es dem Pfleger beliebt, sondern diese Funktion seinem eigenen Belieben vorbehält.«

2   Das zeigen Vergleichsstudien, bei denen die tägliche Schreidauer bei unterschiedlichen »Pflegestilen« gemessen wurde (siehe Quellenhinweise, S. 184). Eine Ausnahme stellt das Schreien nach der Trennung von der Bezugsperson beim Einschlafen dar, das sich durch hartnäckiges Ignorieren durchaus wegkonditionieren lässt (die entsprechenden Schlaf-Programme sind in vielen Fällen zumindest kurzfristig ja durchaus erfolgreich). Allerdings handelt es sich dabei um einen aus meiner Sicht problematischen und nicht entwicklungsgerechten Eingriff in die emotionale Regulation des Kindes.

3   So verständlich der schlechte Ruf der Zornanfälle ist – die Entwicklungspsychologie hält mit experimentellen Befunden dagegen. Und die sprechen dafür, dass Zornanfälle in der Tat Ausdruck seelischer Gesundheit sind und dass eher das *Ausbleiben* von Zornreaktionen Anlass zur Sorge geben sollte.

4   Dabei kann die immunologische Forschung heute klar belegen, dass Beikost vom Immunsystem besser angenommen wird, wenn Babys weiterhin gestillt werden. So haben Babys, die vor dem vollendeten vierten Lebensmonat glutenhaltige Nahrungsmittel (wie etwa Weizenbrei) bekommen, ein erhöhtes Risiko, später einmal an der entzündlichen Darmerkrankung Zöliakie zu erkranken, wenn sie in dieser Phase bereits abgestillt sind. Muttermilch scheint also wie ein immunologisches Schutzschild zu wirken, das überschießende Reaktionen des Abwehrsystems verhindert. Diese dämpfende Wirkung lässt sich auch bei den Impfungen beobachten – gestillte Babys entwickeln als Reaktion auf Impfungen nur halb so oft Fieber wie nicht gestillte Kinder.

5   So einleuchtend und kindgerecht Emmi Piklers Ansatz zum Umgang
mit Säuglingen ist, so wenig überzeugt ihre Argumentation in puncto
Tragen. Natürlich brauchen Babys auch Bewegungsfreiheit – aber die
verschaffen sich selbst häufig getragene Babys dank ihres Selbstwirk-
samkeitstriebes ganz von alleine. Jedenfalls fallen Säuglinge gerade in
Kulturen, die ihre Babys viel tragen, keinesfalls durch mangelnde
Körperkontrolle, fehlende Selbstständigkeit oder motorische Defizite
auf, im Gegenteil.

6   Interessanterweise können gerade diejenigen Kinder ihr Erfor-
schungsprogramm am besten nutzen, die eine verlässliche Bindung
zu ihren Bezugspersonen aufbauen konnten. Der Aufbau von Urvertrauen gibt dem Kind also nicht nur Wurzeln, sondern auch Flügel!

7   Tatsächlich haben gestillte Kinder sowohl für die allgemeine Gesundheit, das Wachstum als auch für ihre Entwicklung insgesamt Vorteile.
So sind gestillte Kinder seltener krank (sie leiden nicht nur weniger an
Erkältungen und Durchfallerkrankungen, sondern auch seltener an
schweren Infektionen wie Hirnhautentzündung oder Lungenentzün-
dung), und viele Studien zeigen zudem einen vorbeugenden Einfluss
auf Allergien und bestimmte Autoimmunerkrankungen wie Zöliakie
oder Typ 1 Diabetes. Stillen ist zudem ein Schutzfaktor gegenüber dem
Plötzlichen Kindstod. Eine auf die Situation in den USA zugeschnit-
tene gesundheitsökonomische Analyse schätzt, dass das Gesundheits-
wesen in den USA jedes Jahr 13 Milliarden Dollar sparen könnte,
wenn alle Babys dort nach den Empfehlungen gestillt würden.

8   Ich verweise hier auf einen Beitrag aus meinem Buch *Kinder verstehen*,
online zu finden unter http://www.familienbett.de/renz2.htm.

9   Tatsächlich haben Kleinkinder noch keinen verlässlichen Realitäts-
sinn. Sie sind sich weder bewusst, wie sich ihre »Leistungen« mit
denen gleichaltriger Kinder vergleichen (*jedes* Kleinkind ist das Beste,
Schnellste, Klügste), noch sehen sie einen Unterschied zwischen Vorstellung und Wirklichkeit. Die Papierrakete, die sie da basteln, fliegt
für sie *wirklich* bis zum Mond. Dieser Allmachtsglaube hält ihre Motivation aufrecht, sich anzustrengen und zu *lernen* – dafür wäre das
Bewusstsein des täglichen Scheiterns, das aus objektiver Sicht ja ange-
bracht wäre, in der Tat Gift.

10 Kinder können ihr intuitives Sprach-Lernprogramm für den Erwerb einer Fremdsprache dann nutzen, wenn sie zum Sprecher eine intensive Beziehung haben, wenn sie die Sprache im sozialen Kontext, also in Alltags- und Spielsituationen, kennenlernen und wenn die Sprache möglichst regelmäßig (möglichst mehrere Stunden am Tag) und von möglichst vielen Personen gesprochen wird. Nur dann beginnen sie mit der Sprache selbst zu experimentieren – und das ist die Voraussetzung des intuitiven Lernens.

11 Tatsächlich ist das menschliche Bindungssystem »polyvalent«, also nicht nur auf eine einzige Versorgungsperson ausgerichtet. Diese angelegte Mehrgleisigkeit wird je nach Lebensbedingungen unterschiedlich genutzt: In manchen Kulturen ist die Mutter die einzige nennenswerte frühkindliche Bindungsperson, in anderen werden schon Babys von mehreren Frauen mitversorgt. Bei den Efe in Zentralafrika etwa werden die Säuglinge von vielen Müttern gestillt, pro Stunde wechseln die Babys vier- bis achtmal zwischen Betreuungspersonen. Auch in den dörflich geprägten Gesellschaften Afrikas wachsen kleine Kinder meist in mehrgliedrigen »Bindungsnetzen« auf.

12 Dies scheint sich nach einem Bericht in der Fachzeitschrift *gynäkologie + geburtshilfe* vom April 2011 zu ändern: Eine Juristin verklagte demnach ihren Geburtshelfer wegen eines ihrer Meinung nach vorschnell beschlossenen Not-Kaiserschnitts. Der Fall endete mit einem Vergleich.

13 Der von manchen Psychologen mit Begriffen wie »Imprinting« erweckte Eindruck, dass die Bindung der Mutter an ihr Kind in der ersten Stunde nach der Geburt langfristig geprägt werde, ist einem unzulässigen Vergleich mit Herdentieren geschuldet, bei denen sich Mutter und Kind wegen der massenhaften und gleichzeitigen Geburten tatsächlich rasch wie Schlüssel und Schloss aneinander binden müssen. Diese Bindung läuft über rein biologische Signale wie etwa Duftstoffe. Diese zuerst von den Forschern Klaus und Kennell auch für den Menschen vermutete »Verschweißung« in der ersten Stunde nach der Geburt ließ sich allerdings nicht bestätigen, so dass auch die Forscher selbst von ihrer Vermutung abrückten. Die Bindung der

Mutter zu ihrem Kind wird heute als ein sich selbst stärkender Prozess gesehen, der schon vor der Geburt beginnt und auch in den ersten Tagen nach der Geburt noch längst nicht abgeschlossen ist – eher als ein »Weg« denn als ein »Ereignis«. Dabei spielen biologische Prozesse und Hormone zwar eine unterstützende Rolle, entscheidend sind jedoch vor allem emotionale und soziale Signale. Das erklärt, warum auch Adoptivmütter, die ja nicht geboren haben, eine sichere Bindung zu ihrem Kind entwickeln können.

[14] Das Risiko, dass ein Kind später einmal einen kindlichen Diabetes (Typ-1-Diabetes) entwickelt, liegt etwa bei 0,2% (damit ist etwa eines von 500 Kindern betroffen). Bei Kindern, die durch Kaiserschnitt entbunden werden, liegt dieses Risiko um etwa 20% höher – also bei etwa 0,24%. Das Risiko ist im einzelnen Fall also immer noch sehr klein. Dennoch ist der Trend insgesamt besorgniserregend: Jedes Jahr erkranken in Deutschland etwa 3.000 Kinder neu an Typ-1-Diabetes, und jedes Jahr nimmt die Zahl der Neuerkrankungen um etwa 4% zu – die Ursache lässt sich bisher nicht sicher beweisen, Kaiserschnitte gelten jedoch als mögliche Auslöser oder verstärkende Faktoren. (Der kindliche Diabetes ist nicht zu verwechseln mit dem durch Bewegungsmangel und falscher Ernährung auch bei Kindern zunehmenden Typ-2-Diabetes.) Eine Übersicht zu den möglichen Auswirkungen des Kaiserschnitts auf die kindliche Gesundheit gibt dieser Artikel: www.kinder-verstehen.de/images/kaiserschnitt_HRP.pdf

[15] Es gibt zu diesem Thema kein besseres und spannenderes Buch als *Mutter Natur* (Berlin Verlag) von Sarah Blaffer Hrdy, einer weltweit anerkannten Evolutionsforscherin.

[16] Eine Herausforderung, die übrigens schon in der Steinzeit galt, in der der Unterschied zwischen einem Faustkeil und einer Stoßlanze nicht geringer war als der zwischen einer Pferdekutsche und einem Mercedes S-Klasse.

Quellen- und Literaturhinweise

Auf den folgenden Seiten finden Sie die Quellenangaben und Literaturhinweise, auf die sich wichtige Aussagen im Text beziehen. Dieses Buch ist eine Streitschrift und muss deshalb ohne Speckgürtel auskommen. Vertiefende Erklärungen und Quellenangaben, vielfach mit Online-Links, finden Sie auf der das Buch begleitenden Webseite www.menschenkinder-das-buch.de unter »Literaturliste«, das Online-Symbol [↗] verweist darauf.

Vorwort: Was brauchen Kinder?

Das Zitat von Sigmund Freud stammt aus: *Drei Abhandlungen zur Sexualtheorie*, 4. Auflage, Wien 1920 ↗ Freud 1920

Zitat Bernhard Bueb: *Lob der Disziplin*, Ullstein 2006, Seite 55

Zitat Michael Winterhoff: *Warum unsere Kinder Tyrannen werden*, Gütersloher Verlagshaus 2008, Seite 28

Zitat Amy Chua: *Der Spiegel* 4/2011 ↗ Chua 2011

Zitat Thilo Sarrazin: B.Z., 29. Januar 2011 ↗ Sarrazin 2011

Die Angst-Masche: Womit Eltern zu kämpfen haben

seltenere Unterzuckerung bei Hautkontakt: ↗ Christensson 1992

Auswirkungen von Hautkontakt bei Neugeborenen: ↗ Moore 2007

Vorteile der »Känguru-Pflege« bei Frühgeborenen: ↗ Conde-Agudelo 2011

getragene Babys weinen weniger: ↗ Hunziker 1986

Betreuung des Babys im Wochenbett und postpartale Depression: ↗ Sakumoto 2002. Dieser Zusammenhang lässt sich auch nach Frühgeburten zeigen: ↗ de Alencar 2009. Gute Zusammenfassung auch bei: ↗ Schiefenhövel 2007

Experiment mit Tragesäcken: ↗ Anisfeld 1990

verlässlich getröstete Babys schreien weniger: ↗ Bell 1972. Neuere Studie dazu auch bei: ↗ St James-Roberts 2006

Zitat Bueb: *Lob der Disziplin*, Ullstein 2006, Seite 17

Zornanfälle sind Teil einer gesunden Entwicklung: ↗ Dix 2007

Zitat »Mein Kind war heute Nacht gar nicht brav«: Dies berichtete mir
die Gießener Hebamme Dorothea Heidorn
dass Kinder auf dem Nachhauseweg vom Spielplatz hochgenommen
und getragen werden wollen: ↗ Gonzales 2011
Zitate Winterhoff: *Tyrannen müssen nicht sein,* Mosaik bei Goldmann
2011, Seite 56 bzw. *Warum unsere Kinder Tyrannen werden,* Gütersloher
Verlagshaus 2008, Seite 184

Ausmisten! Welche Mythen entsorgt gehören
erhöhtes Risiko für Zöliakie bei nicht gestillten Babys: ↗ Akobeng 2006
Fieber nach Impfungen: ↗ Pisacane 2010
zu den medizinischen Bedenken gegen das Tragen: ↗ Renz-Polster 2010
Kinderwagentest der Stiftung Warentest: ↗ Stiftung Warentest 2009
Die Zitate im Abschnitt »Regelmäßigkeit« stammen aus dem Artikel
»Ein Rezept für bessere Nächte?« im Elternmagazin »Babys lernen
schlafen« 02/2011, Seite 18 (Sonderheft leben & erziehen). Dort
gibt die Ernährungswissenschaftlerin Claudia Thienel die Empfehlungen des »Forschungsinstituts für Kinderernährung in Dortmund«
wieder.
nach der Uhr gefütterte Babys schreien mehr: ↗ Bensel 2006
nach der Uhr gefütterte Babys gedeihen schlechter: ↗ Casiday 2004. Das
gilt auch für Frühgeborene: ↗ McCormick 2010
Zitat Pubertät von Judith Harris: The nurture assumption, Free Press 2009
wie Kinder in Jäger- und Sammlergesellschaften leben: ↗ Lozoff 1979
Vergleich Kung – Londoner Kinder: ↗ Konner 1976
verlässliche Bindung unterstützt die Exploration: ↗ Schieche 2005. Eine
gute Zusammenfassung zum Thema Bindung und Lernen auch bei:
↗ Becker-Stoll 2007
Berechnung der Kosten des Nicht-Stillens: ↗ Bartick 2010. Eine Zusammenfassung der wissenschaftlichen Befunde zum Thema Gesundheit
und Stillen wird vom Berufsverband der US amerikanischen Kinderärzte, der American Academy of Pediatrics, in regelmäßigen Abstän-
den veröffentlicht: ↗ AAP 2005

Die Freiheit der Kinder – und der Angriff auf die Kindheit
Legehennenverordnung: ↗ Legehennenverordnung
schwindender Spielraum der Kinder: nach ↗ Furedi 2002
wie wenig Kinder heute im Freien spielen: nach ↗ Weber 2010
schwindende Freizeit US-amerikanischer Kinder: ↗ Sandberg 2001
Zitat »Kindheit ist zu wertvoll«: Carl Honoré: *Under Pressure*, HarperOne
  2002, Seite 4
Lernen schulischen Stoffes in altersgemischten Gruppen: Remo Largo in
  einem Interview mit *Spiegel online* 16. Nov. 2010: ↗ Largo 2010
Festschreibung der kindlichen Rolle bis ins Erwachsenenleben hinein:
  ↗ Taga 2006
Zitat Judith Harris: *Ist Erziehung sinnlos?*, Rowohlt 2002, Seite 272
im Spiel erfahrene Bewegung als Kapital fürs ganze Leben: ↗ Pellegrini
  1998

Spiel-Defizit-Syndrom: Warum Spielen so wichtig ist
Gute Übersicht zum Thema Spiel und kindliche Entwicklung z.b. bei Da-
  vid Elkind: *The power of play*, Da capo press 2007
Positionspapier der AAP zum Thema Spiel: ↗ Ginsburg 2007
Spiel bei Schimpansen: Jane Goodall, *Süddeutsche Zeitung* vom 4./5. Sep-
  tember 2010: ↗ Goodall 2010
Förderung der Sozialentwicklung durch Spielen: ↗ Burdette 2005. Wie
  Kinder miteinander im Spiel interagieren auch bei: ↗ McElwain 2005
häufige Therapien bei Kindern: *Kinder- und Jugendarzt* 5/2010, Seite 280
Sprachentwicklung und Spielen: ↗ Pellegrini 2009
Charakteristika des Eltern-Kind-Spieles: ↗ MacDonald 1993
Zitat »Von seinen Eltern das zu bekommen ...«: Po Bronson: *Nurture
  Shock. New thinking about children*, Twelve 2009, Seite 130
Theorie der kindlichen Einflüsse – gute Zusammenfassung bei: ↗ Harris
  2007 sowie bei ↗ Harris 2002
angestammter Entwicklungsraum der Kinder – gute Übersicht bei:
  ↗ Lamb 2005

Das Immunsystem der Entwicklung: Wie Resilienz entsteht
Lebenswerk des Psychiaters Brown: Stuart Brown: *Play: How it Shapes the Brain, Opens the Imagination, and Invigorates the Soul*, Avery Trade 2010
Gute Übersicht zur Bedeutung der »Eigensozialisation« unter Kindern auch in: ↗ Rosenfeld 2000
Klage der chinesischen Professoren: Jiang Xueqin in *Spiegel online* vom 29.1.11: ↗ Xueqin 2011

Wie viel Freiheit, wie viele Grenzen?
Zitate Bueb: *Lob der Disziplin*, Ullstein 2006, Seite 17, 18 und 56
evolutionäres Grundmodell des Zusammenlebens: Gute Übersichten bei: ↗ Panter-Brick 2001
Zitat von Amy Chuas Tochter aus: Kegel, Sandra: Erziehen auf Chinesisch, aus: *FAZ.net* vom 22.1.11: ↗ Tochter Chua 2011

Die richtige Förderung: Kampf der Systeme?
Entwicklung von Empathie und frühe Bindungserfahrungen: ↗ Hrdy 2010a
schulisches Arbeiten an Kindergärten: ↗ Dollase 2007
Lehramtsstudenten mit Lehrinhalten für Kindergartenkinder überfordert: ↗ Ansari 2010
Zitat Fragen bei der Diskussion: *Spiegel spezial* 18.11. 2008: ↗ Hanselmann 2008
Schulleistung und Einschulung: ↗ Puhani 2005

Schulversager: Welche Schule ist gut für Kinder?
Zitat Winterhoff: *Warum unsere Kinder Tyrannen werden*, Gütersloher Verlagshaus 2008, Seite 126
statistische Daten zu Kindern mit Migrationshintergrund: ↗ Statistisches Bundesamt Deutschland 2008
Zitat Vera Birkenbihl: *Stroh im Kopf?* Mvg Verlag 2010
Angst und Lernen aus neurobiologischer Sicht: Gute Übersicht bei: ↗ Spitzer 2010
Geschlecht des Lehrers und Lernerfolg: ↗ Neugebauer 2010
Lernprobleme durch verschobenen Schlafrhythmus: ↗ Colrain 2011

Zitat Marion Schick: ↗ Schick 2010
Einfluss Bewegung auf schulisches Lernen: ↗ Reed 2010
Bildungsforschung zu den Lernfortschritten: ↗ Lehmann 2002
Lernfortschritte im Fach Mathematik: ↗ Prenzel 2003

Lügen über die Eltern – und über das Elternsein
Zitat Achleitner aus:»Es wird eine neue Zeitrechnung geben«, *Der Spiegel* vom 26.1.2011: ↗ Achleitner 2011
Zitat Penelope Leach: *Our baby and child*, 2. Aufl. Knopf 1995, Seite 468
Zitat Harris: *Ist Erziehung sinnlos?* Rowohlt 2002, Seite 517
Zitat Winterhoff: *Spiegel Wissen* vom 4.5.2010: ↗ Winterhoff 2010
wie Schimpansenmütter kompetent werden: ↗ Hrdy 2010c
Rolle der Erfahrung im Umgang mit Babys: ↗ Deutsch 1988 sowie ↗ Fleming 1987
Rolle der Erfahrung auch bei Männern: ↗ Hrdy 2004
Zitat Jan Hunt: *The natural child*, New Society Press 2002
Zitat Midas Dekkers: *Von Larven und Puppen. Soll man Kinder wie Menschen behandeln?* Blessing 2003, Seite 308
Rolle des Hautkontakts in der Neugeborenenzeit: ↗ Moore 2007
Hautkontakt und Geruchslernen: ↗ Mizuno 2004
Tragen und Feinfühligkeit: ↗ Anisfeld 1990. Ähnliches gilt für das Stillen, welches auch die Entwicklung der mütterlichen Feinfühligkeit unterstützen kann: ↗ Kuzela 1990 sowie ↗ Lavelli 1998
Bericht Schiefenhövel: ↗ Schiefenhövel 2007
Zitat Hildegard Hetzer: *Erziehungsfehler*, Verlag Kleine Kinder, Lindau 1936, Seite 9-10
Zitat Winterhoff: Interview mit dem *Stern* 21.5.2008: ↗ Winterhoff 2008
Angaben zur Kalorienbilanz bei Jägern und Sammlern: ↗ Kaplan 1994
Säuglingsbetreuung bei den Efe: ↗ Tronick 1985
Sozialisation in Bindungsnetzen: ↗ Keller 2003
»schwieriges« Temperament bei Kindern aus armen Familien: ↗ Jansen 2009
kindliches Wohlbefinden und soziales Netz: ↗ Sear 2008. Absolut lesenswerte Zusammenfassung auch in: Sarah Blaffer Hrdy: *Mutter Natur*, Berlin Verlag 2010

Einfluss der sozialen Unterstützung auf die kindliche Entwicklung:
↗ Hrdy 2010

Gründe für die Inanspruchnahme früher Hilfen: ↗ Kalteisen 2010

Aufteilung der Haushaltspflichten in den USA: ↗ Blair 2008

Engagement der Väter als zweischneidiges Schwert: ↗ Sasaki 2010

Unter der Lupe: Das Rätsel der Geburt

meine Studie zum Thema Kaiserschnitte und Allergien: ↗ Renz-Polster 2005

mögliche Todesfälle bei Geburten: ↗ Mace 2000

93% der Schwangeren wünschen sich eine vaginale Geburt: ↗ Lutz 2006

vaginale Geburten verlaufen immer seltener natürlich: Daten des Instituts für Qualität und Patientensicherheit: ↗ bqs-outcome 2008

Kaiserschnittraten in der Schweiz: ↗ Schweizer Bundesamt für Statistik 2009

privat Versicherte haben höhere Kaiserschnittrate: ↗ Lutz 2006

vergleichende Geburtsdaten aus Chablais/Schweiz: ↗ Borel 2010

erneuter Kaiserschnitt medizinisch meist nicht erforderlich: Leitlinie »Schwangerenbetreuung und Geburtseinleitung bei Zustand nach Kaiserschnitt« der Deutschen Gesellschaft für Gynäkologie und Geburtshilfe, AWMF 015/021, Stand August 2010

je mehr medizinische Eingriffe bei der Geburt, desto eher enden sie mit einem Kaiserschnitt: ↗ Nguyen 2010, ↗ Tracy 2007, ↗ Ehrenthal 2010 sowie ↗ Vardo 2011. Eine gute zusammenfassende Darstellung der Problematik einer immer stärker technisierten Geburt durch den Forschungsschwerpunkt Maternal Health der Universität Osnabrück: ↗ Schwarz, Schücking 1999-2004

Muttermund-Befund bei Aufnahme und nachfolgender Kaiserschnitt: ↗ Schwarz 2003 sowie ↗ Schwarz 2006

Einsatz Wehenmittel vor Geburtsbeginn: ↗ Ehrenthal 2010

günstigerer Geburtsverlauf bei Unterstützung durch eine Doula: ↗ Klaus 1997, ↗ Hodnett 2011, ↗ Kennell 1991 sowie ↗ Langer 1998

leichtere Geburt an freundlichem Ort: ↗ Hodnett 2010

Bindung ist kein »Imprinting«: ↗ Klaus 1983 sowie ↗ Lamb 1982

Kaiserschnitte bei jüngeren Frauen überproportional angestiegen: Pressemitteilung der Techniker Krankenkasse vom 26. 01. 2011: ↗TK 2011
medizinische Probleme beim Neugeborenen nach einem Kaiserschnitt: ↗ De Luca 2009 sowie ↗ Liston 2008
möglicher Zusammenhang zwischen Kaiserschnitten und späterem Typ-1-Diabetes: ↗ Cardwell 2008
Stillprobleme nach Kaiserschnitt: ↗ Zanardo 2010 sowie ↗ Rowe-Murray 2002
Umgang mit dem Baby nach Kaiserschnitt: ↗ DiMatteo 1996. In manchen Studien sind auch postpartale Depressionen und Stimmungsschwankungen nach Kaiserschnitten häufiger, allerdings ist dieser Befund umstritten – gute Übersicht bei: ↗ Nowitzky 2009
Zitat »masochistische Zusatzübung« in: ↗ Rodler 2006
der Begriff der »gekonnten Nicht-Intervention« stammt von Barbara Duden (Leibniz Universität Hannover)

Gesellschaft in Gefahr: Wo ist das Dorf geblieben?
Kinderarmut in Deutschland: Die Daten dazu sind nicht einheitlich. Nimmt man die Daten aus dem ↗ Kinderreport 2007, der OECD-Studie sowie deren korrigierter Fassung zusammen, so dürfte in etwa jedes zehnte Kind in Deutschland in Armut aufwachsen: ↗ OECD Armutsdaten
Deutschland europäisches Schlusslicht in der Kinderzahl: ↗ Eurostat Daten 2009
Kinder in armen Haushalten in Deutschland: Daten nach: ↗ Kinderreport 2007
Zitat Helmut Schmidt aus: Helmut Schmidt, Giovanni Di Lorenzo, *Auf eine Zigarette mit Helmut Schmidt*, Verlag Kiepenheuer & Witsch, Köln 2009, Seite 73
Auswirkungen von Ungleichheit in einer Gesellschaft: ↗ Lampert 2005.
Gute Übersicht zu diesem Thema bei: ↗ Kawachi 2007
Zitat von Remo Largo aus: *Lernen geht anders*, edition Körber-Stiftung 2010, Seite 15
Angaben zur Vererbung von Vermögen nach: *Der Spiegel* vom 11.4.2011: ↗ Rickens 2011

zu viel Geld in zu wenig Taschen: So hat eine 90-Jährige den Zustand der USA beschrieben, in: »Der Süden im Sommer« von Richard Swartz, *Süddeutsche Zeitung* 9./10.7.2011

Zitat von Karl-Heinz Büschemann nach: *Süddeutsche Zeitung* vom 19.3.2011: ↗ Büschemann 2011

die Stärkung der kindlichen Lebenswelten kommt bei allen Kindern an: Dies lässt sich exemplarisch an zwei großen Interventionsprogrammen an Kindergärten zeigen, dem Abecedarian Project und dem Perry Preschool Project in den USA, gute Übersichten bei: ↗ Muennig 2011 sowie ↗ Berrueta-Clement 1984

Zitat Leiterin einer Kita in Frankfurt von Eleni Chaita, Leiterin der Kita Sankt Martin: *Welt des Kindes* 2/2011, Seite 17

Zitat Felix Berth: *Süddeutsche Zeitung* vom 28.6.2010: ↗ Berth 2010

Statistische Angaben zum Betreuungsschlüssel an deutschen Krippen: ↗ Statistisches Bundesamt 2007

Fazit: Erziehung neu denken

Zitat Amy Chua: *Die Mutter des Erfolgs: Wie ich meinen Kindern das Siegen beibrachte,* Nagel & Kimche 2011

Zitat Michael Winterhoff: Interview mit dem *Stern* 21.5.2008: ↗ Winterhoff 2008

»Betreuung = Erziehung – Liebe« aus: Ralph Dawirs, Gunther Moll: *Die 10 größten Erziehungsirrtümer und wie wir es besser machen können.* Beltz 2010. Ein ansonsten übrigens recht munter geschriebenes Buch

Vorbilder bei Meerkatzen-Affen: ↗ van de Waal 2010

was es für Jäger- und Sammler-Kinder alles zu lernen gibt, nach: Peter Gray: Spielen macht schlau, in *Oya* 5/2010: ↗ Gray 2010

»Es gibt beim Menschen so wenig eine Ur-Erziehung, wie es eine Ur-Sprache gibt« ist ein Zitat meines Freundes Thomas Böttcher, Eichenberg

das Bild des »flussabwärts-Lebens« stammt aus· Sandra Steingraber: *Living Downstream: A Scientist's Personal Investigation of Cancer and the Environment,* Vintage Books 1998